누구나 할 수 있는 인터넷 투잡

하루 2시간
블로그로
1000달러 벌기

누구나 할 수 있는 인터넷 투잡

하루 2시간 블로그로 1000달러 벌기

신이다 지음

e비즈북스

목차

02 구글 계정과 티스토리 연동 방법

03 방문자와 광고, 두 마리 토끼를 잡아라

04 광고 수익 극대화를 위한 전략

나의 수익형 블로그 분투기

구글 애드센스로 얻은 블로그 수익 공개

아직 이것저것 알려드릴 내용이 많지만, 그중 여러분이 가장 궁금해하는 것을 먼저 알려드리려고 합니다. 바로 제가 구글 애드센스로 어떻게 돈을 벌고 있으며 얼마의 수익을 얻고 있는가 하는 물음에 대한 답입니다.

저는 결코 블로그를 통하여 돈을 많이 벌지는 않습니다. 하지만 돈을 많이 번다는 것은 꾸준하게 일정한 액수 이상을 버는 것이 아닌가 생각합니다. 2011년 우리나라 최저생계비 기준은 1인 가구가 약 53만 원, 2인 가구는 91만 원, 3인 가구는 117만 원 등이라고 합니다. 2012년 최저생계비는 전년도 대비 물가상승률을 반영하여 1인 가구는 55만 원, 2인 가구 94만 원, 3인 가구 122만 원으로 책정되었습니다. 즉 제가 블로그를 통해 얻는 '한 달에 100만 원'은 2인 가구의 최저생계비 정도의 수준인 것입니다.

저는 2009년에 '구글 애드센스'라는 것을 처음 알았습니다. 집에서 인터넷으로 돈을 벌 수 있다는 점이 매우 매력적이었습니다. 시작은 매우 미미하였습니다. 첫달은 글을 아무리 써도 제대로 카운팅도 안 되었고, 수익을 올리려고 직접 클릭한 적도 있었습니다. 아마 다른 구글 애드센스를 붙인 블로그 유저들도 이런 식으로 시작하지 않았을까요?

여차저차해서 구글 애드센스를 달았던 2009년 1월 첫 수익은 한 달에 1.17달러였습니다. 0에서 1.17라는 숫자로 바뀌었다는 자체가 저에게는 큰 충격이었습니다. 그런데 나중에 알게 된 사실이지만, 구글 애드센스는 100달러 미만의 돈은 찾을 수 없는 시스템이더군요.

그렇게 한 달, 두 달 금액이 쌓이기 시작했습니다. 처음은 좋지 않았습니다. 한 달에 2~3달러 모으기도 힘들었습니다. 매달 수익이 쌓였지만 제가 처음으로 100달러를 채운 날은 2010년 12월이었습니다. 2009년 1월에 첫 수익을 낸 지 거의 만 2년 만에 100달러를 벌었던 것입니다.

저는 2011년 1월에 처음으로 100.16달러를 기업은행에서 찾았습니다. 최초 수익을 얻는 데 걸린 시간 2년, 그동안 매일 수많은 포스트를 올려보고 중단도 해보는 지루한 과정을 반복했습니다. 다음 표는 2009년부터 2011년까지 2년간 제가 구글 애드센스로 얻은 수익을 정리한 표입니다.

2009~2011년 구글 애드센스 수익

(단위: 달러)

월	일	수입/크레딧	지급액/공제액	잔액
		0.00		
2009년 1월	31일	1.17		
	월말			1.17
2009년 2월	28일	5.08		
	월말			6.25
2009년 3월	31일	1.74		
	월말			7.99
2009년 4월	30일	2.19		
	월말			10.18
2009년 5월	31일	1.18		
	월말			11.36
2009년 6월	30일	4.56		
	월말			15.92
2009년 7월	31일	8.61		
	월말			24.53

월	일	수입/크레딧	지급액/공제액	잔액
2009년 8월	31일	5.36		
	월말			29.89
2009년 9월	30일	3.00		
	월말			32.89
2009년 10월	31일	3.33		
	월말			36.22
2009년 11월	30일	4.50		
	월말			40.72
2009년 12월	31일	3.92		
	월말			44.64
2010년 1월	31일	4.47		
	월말			49.11
2010년 2월	28일	5.78		
	월말			54.89
2010년 3월	31일	8.54		
	월말			63.43
2010년 4월	30일	4.91		
	월말			68.34
2010년 5월	31일	4.11		
	월말			72.45
2010년 6월	30일	2.65		
	월말			75.10
2010년 7월	31일	3.45		
	월말			78.55
2010년 8월	31일	3.35		
	월말			81.90
2010년 9월	30일	4.28		
	월말			86.18
2010년 10월	31일	5.70		
	월말			91.88

월	일	수입/크레딧	지급액/공제액	잔액
2010년 11월	30일	4.04		
	월말			95.92
2010년 12월	31일	4.24		
	월말			100.16
2011년 1월	25일		100.16	
	31일	4.36		

이것이 저의 구글 애드센스와의 만남이자 시작이었습니다.

이렇게 수익을 얻은 후 저는 자신감이 생겼습니다. 2011년 6월, 즉 표의 마지막 행에서 5개월 후, 그날부터 저에게 큰 변화가 찾아왔습니다. 그 전까지는 그저 제가 좋아하는 내용만 포스팅했지만, 그날 다른 사람들이 수익형 블로그를 운영하는 것을 보게 된 것입니다. '내가 좋아하는 것만으로는 수익을 낼 수 없다'라는 생각이 들었습니다. 그래서 일단 많은 사람들이 들어오는 블로그를 따라 하기 시작하였습니다. 이때 뭔가 깨달았다고 해야 할까요? 2년간 블로그를 만들고 운영하면서 그리고 다른 사람들의 수익형 블로그들을 보면서, 수익형 블로그를 만들 방법을 저 자신도 모르게 터득해왔던 것입니다.

깨닫기 전까지는 그러한 방법을 응용해야만 수익이 높아진다는 점을 알지 못했고, 사람들이 호기심 가질 만한 포스팅을 하지 못했다는 점, 즉 타기팅을 제대로 못 했습니다. 가장 큰 실수였죠. 그런 실수들을 반복하고 고쳐나가니 점차 수익이 늘어나기 시작하였습니다.

2011년 이후 늘어난 수익

(단위: 달러)

월	날짜	수입/크레딧	지급액/공제액	잔액
		0.00		
2011년 6월	30일	13.06		
	월말			16.84
2011년 7월	31일	40.04		
	월말			56.88
2011년 8월	월말			102.51
	26일		102.51	
2011년 9월	30일	43.88		
	월말			43.88
2011년 10월	31일	51.25		
	월말			95.13
2011년 11월	30일	83.16		
	월말			178.29
	23일		178.29	
2011년 12월	31일	1,445.61		
	월말			1,445.61
	26일		1,445.61	
2012년 1월	31일	841.81		
	월말			841.81
	27일		841.81	
2012년 2월	29일	1,019.37		
	월말			1,019.37
	27일		1,019.37	
2012년 3월	31일	1,857.04		
	월말			1,857.04
	24일		1,857.04	
2012년 4월	30일	1,513.87		
	월말			1,513.87
2012년 5월	24일		1,513.87	
	31일	1,758.92		

월	날짜	수입/크레딧	지급액/공제액	잔액
	월말			1,758.92
2012년 6월	26일		1,758.92	
	30일	431.38		
	월말			431.38
2012년 7월	24일		431.38	
	31일	127.24		
	월말			127.24
2012년 8월	24일		127.24	
	31일	209.19		
	월말			209.19
2012년 9월	25일		209.19	
	30일	269.31		
	월말			269.31
2012년 10월	24일		269.31	
	31일	563.55		
	월말			563.55
2012년 11월	26일		563.55	
	30일	1,349.05		
	월말			1,349.05
2012년 12월	20일		1,349.05	
	30일	3,339.63		
	월말			3,339.63

　블로그 4개를 운영한 결과 매월 1천 달러 수준의 수익을 꾸준히 얻게 되었습니다. 블로그를 운영하는 과정에서 많은 실수가 있었습니다. 그런 실수를 하나하나 보완하면서 구글과 많이 싸우기도 했고, 블로그와 구글 계정이 정지당하기도 하였습니다. 아마 그런 실수들이 있었기에 점차 수익이 늘지 않았을까 하는 생각이 듭니다.

　2009년 1월에 시작하여 2012년 12월 31일까지 누적수익을 보니 약 1만 5천 달러 정도 번 것 같네요. 우리나라 돈으로 1500만 원 정도가 되겠죠. 처음

2년간 100달러를 벌고 이후 2년간 14900달러를 번 셈입니다. 하지만 지금까지 수많은 오류와 시행착오가 있었기에, 아마 앞으로는 조금 더 빠르게 그리고 조금 더 꾸준히 벌 수 있지 않을까 생각합니다.

지금 여러분에게 필요한 것은 구글 애드센스를 통한 수입 내역이라는 결과보다는 블로그를 통해서 어떻게 돈을 벌게 되었는지 그 과정을 아는 일이라고 생각합니다. 무에서 유를 만드는 것이 아닙니다. 1이라는 기준에서 자신의 생각을 덧붙이고, 디자인을 꾸며서 2 또는 3을 만드는 과정을 이 책을 통해 배우시기 바랍니다.

이어서 왜 돈을 꾸준히 벌지 못하고 들쑥날쑥 벌게 되었는지, 그리고 이에 대해 어떤 깨달음을 얻을 수 있었는지 하나하나 설명하겠습니다.

광고 수익 분석

저의 수익을 보면서 의구심을 품을 수 있을 것입니다. 꾸준히 잘 벌다가 갑자기 뚝 떨어지는 모습, 그러다가 다시 급격히 상승하는 모습 때문이죠. 그러한 의문에 대해 살펴보겠습니다.

앞에서 공개한 금액은 1만 5천 달러였습니다. 실제로 수익이 일어난 15개월간 평균 월 1천 달러를 벌었던 셈입니다. 2년으로 넓게 확장시켜보면 월 625달러입니다. 이를 그래프로 살펴보겠습니다.

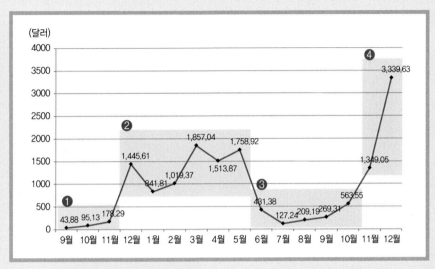

(달러)

2011년 9월~2012년 12월 사이 애드센스 수익 변화

수익을 그래프화하면 다음과 같이 4개의 구간으로 나눌 수 있습니다.

❶ 태동기
❷ 격동기
❸ 쇄퇴기
❹ 재건기

이렇게 구분해보니 그럴싸하죠? 그럼 풀어서 설명하겠습니다.

먼저 **태동기**입니다. 2~3년간 쌓은 노하우를 토대로 이제 수익형 블로그를 만들어야겠다는 생각을 가질 때입니다. 다른 블로그를 모방하거나 좋다는 방법들을 총동원했던 시기였습니다. 큰 수익은 내지 못했지만 정말 수백, 수천 가지의 시행착오를 거쳤습니다. 블로그뿐만 아니라 포털사이트 공략도 해보았고, 메타블로그와 다양한 게시판에 블로그 광고도 해보았습니다. 또한 한 가지 주제가 아닌 다양한 주제로 공략하며 하루하루 수익을 체크하였고, 사람들이 들어오는 주제를 파악하면서 더욱 집중할 수 있는 계기가 되었습니다.

격동기를 살펴보죠. 2011년 12월부터 2012년 5월까지 약 6개월 동안 8436 달러, 즉 한 달 평균 1406달러의 수익을 거뒀습니다. 한 개의 블로그로 일일 평균 방문객이 약 1만 명 정도였습니다.

제 최초의 블로그는 하루에 1만 명 정도는 가뿐히 넘기던 시절이 있었습니다. 2012년입니다. 1월에는 약 50만 명, 2월에는 약 39만 명, 3월에는 약 30만 명, 4월에는 약 24만 명, 5월에는 약 26만 명의 방문객이 제 블로그에 오셨습니다. 이때 아마 가장 신 나게 블로그를 하지 않았나 하는 생각이 드네요.

다음은 쇠퇴기입니다. 제 블로그가 수익형 블로그로 변한 이후 가장 암울했던 시기가 아니었나 하는 생각이 듭니다. 구글과 싸우고, 경고 먹고, 결국

16

블로그에 광고가 영구 중단되는 사태까지 일어났습니다. 제 메인블로그에 애드센스를 영영 달 수 없게 된 것입니다. 메일로 풀어달라고 수도 없이 요청하였지만, 한 달, 두 달이 지나도 결국 제 메인블로그에는 광고를 실을 수 없었습니다. 지금도 여전히 애드센스가 중단된 상태입니다.

이유는 너무나도 많았습니다. 구글 애드센스에서 지적한 내용을 여러 번 어겼기 때문입니다. 그중 가장 큰 원인은 바로 비슷한 글의 남발이었습니다. 방문객 수가 높은 게시글이 있어서, 여러 개의 비슷한 글을 내용과 제목만 조금씩 바꿔 올렸던 거죠. 결국 그 포스트들이 모두 구글에 걸려서 제 블로그가 구글 검색엔진 자체에 검색되지 않을 뿐만 아니라 애드센스 역시 중단되어버렸습니다.

결국 이때 저는 저의 메인블로그를 포기하였습니다.

6월의 431.38달러를 끝으로 저의 메인블로그에서는 구글 애드센스 수익이 제로가 되었습니다. 이후 다시 블로그를 만들었고, 7월의 127.24달러를 시작으로 새로운 블로그가 탄생했습니다. 그리고 10월이 되자 이 블로그의 수익은 563.55달러까지 올라갔습니다.

이제 재건기를 보겠습니다. 다시 예전과 같이 1천 달러 이상 수익을 얻기 위한 무엇인가가 필요하였습니다. 그래서 생각한 것이 멀티블로그 운영이었습니다. 메인블로그를 삭제할까 했지만, 아직 포기는 못 해서 남겨두었고, 하나의 티스토리 계정으로 만들 수 있는 최대의 블로그 숫자인 5개 중 4개를 애드센스와 연결하였습니다. 11월, 12월에 걸쳐 총 4개의 블로그를 운영하면서 앞의 그래프와 같은 수익을 얻을 수 있었습니다.

말 그대로 블로그는 노력입니다. 많은 방문객을 유치하고 광고를 클릭하도록 하기 위해 블로그를 최적화하는 꾸준한 노력이 많은 수익을 만들어주지 않았나 싶습니다.

저의 수익에 관한 내용은 여기서 마치겠습니다. 이제 수익을 올리기 위해 제가 했던 여러 방법들을 여러분께 하나하나씩 소개하겠습니다. 인터넷에서 접해본 잘 알고 있는 내용들도 있을 테지만, 몸소 하나하나 실천해서 적용해본 경험자로서 여러분께 그 경험까지 함께 드리겠습니다.

블로그로 과연 돈을 벌 수 있을까

"블로그로 과연 돈을 벌 수 있나요?"라고 문의하는 분들이 많았습니다. 이에 대한 제 대답은 하나입니다.

"블로그는 자신이 노력하는 만큼 벌 수 있습니다."

최근에는 정말 많은 사람들이 블로그를 통해 다양한 방법으로 수익을 창출하고 있습니다. 블로그는 사람들이 자신의 관심사에 따라 자유롭게 글을 올릴 수 있는 웹사이트임과 동시에 하나의 작은 인터넷 점포가 될 수 있습니다. 블로그로 수익을 창출하는 방법은 크게 다음 3가지로 좁힐 수 있습니다.

❶ 광고를 게재하여 돈을 버는 방법
❷ 물건을 팔아 돈을 버는 방법
❸ 물건을 구입하거나 자신이 직접 써본 상품의 상품평을 올려 사람들에게 그 물건을 구매하도록 유도하는 방법

현재 대다수의 블로거들은 1번을 사용하여 수익을 얻고 있고, 저 역시 1번 방법으로 수익을 얻고 있습니다. 각 방법의 장단점을 들어본다면 다음과 같습니다.

❶ 광고를 게재하여 돈을 버는 방법

- **장점**: 블로그의 주제와 내용의 퀄리티에 크게 구애받지 않는다.

  1원 단위의 적은 비용도 누적 및 적립 가능하다.

  일정 수 이상의 방문객과 클릭률이 유지되면 꾸준한 수익이 들어온다.

  포스팅 시간이 다른 방법에 비해 상대적으로 짧다.

- **단점**: 광고 공급자에 따라 광고 금액이 천차만별이다.

  클릭과 뷰에 따라 광고비가 늘어나 이슈성 포스팅 및 자극적 제목을 이용한 방문 유도가 늘어난다.

- **서비스 업체**: 구글 애드센스, 리얼클릭, 네이버 애드포스트, 카우리 등

❷ 물건을 팔아 돈을 버는 방법

- **장점**: 판매 금액의 일정액을 수익으로 받는 방식으로 수수료가 높은 편이다.

  하나의 포스트로 수십, 수백만 원의 수익을 올릴 수도 있다.

- **단점**: 수십, 수백 개의 포스트로도 한 푼의 수익도 올릴 수 없는 때도 많다.

  광고 계약이 끝나면, 그 포스트로 상품이 팔려도 수익을 얻을 수 없다.

  제품을 팔기 위한 광고를 해야 하기 때문에 포스팅 시간이 길어진다.

- **제휴마케팅 서비스 업체**: 아이라이크클릭, 링크프라이스, 리더스업, 알맹이 비즈, 인터리치, 디비디비딥 등

❸ 물건을 구입하거나 자신이 직접 써본 상품의 상품평을 올려 사람들에게 그 물건을 구매하도록 유도하는 방법

- **장점**: 오프라인의 인지도 상승은 곧 온라인 인지도의 상승을 야기한다.

  방문객 증가는 CPM 광고, 즉 기업이나 단체와의 계약 건수 증가를 유도한다.

- **단점**: 광고보다는 포스트의 내용과 퀄리티를 우선시해야 한다.

  온라인상에서 인지도 상승을 위한 인맥 관리 노력이 필요하다.

- **리뷰 전문 업체**: 바이리뷰, 위드블로그, 프레스블로그, 버즈블로그, 미즈블로그 등

그렇다면 이와 같은 방법 중 어떤 방법이 가장 효과적일까요? 이 질문에 저는 "초보자는 1번, 중급자는 2번, 숙련자는 1, 2, 3번"이라고 말씀드리고 싶

습니다.

저는 1, 2번 방법을 모두 사용했었습니다. 하지만 2번만으로는 제가 아직 기술이 없어 1년에 50만 원을 채 벌지 못하였습니다. 포스트 하나하나에 정말 많은 시간을 들여야 했고, 하나의 포스트을 통해 방문객, 즉 고객의 마음을 울릴 만큼의 글을 쓰지 못했습니다.

그래서 저는 현재 1번에 주력하고 있습니다. 3번도 하고 싶었지만 제 블로그의 이웃은 불과 100명이 안 되고, 5개의 블로그를 운영하는데 총 구독자도 500명이 채 안 되었습니다. 어떤 분들이 하나의 블로그에 수천, 수만 명의 구독자와 함께하는 것과 정말 대조되는 것이죠. 하지만 저는 저 나름대로 수익을 얻고 있습니다.

과연 수익은 얼마나 될까? 딱히 공식은 없지만 대략적으로 살펴봅시다. 광고 채널은 구글 애드센스를 달고, 하나의 블로그 포스트에 광고 3개를 달았다고 합시다. 일일 방문객 약 1천~2천 명일 경우 일일 3~5달러 내외의 수익을 얻을 수 있습니다. 즉 한 달이면 약 100달러의 수익이 생깁니다.

콘텐츠나 광고 위치에 따라 달라지겠지만 하루 5천~7천 명 정도의 인원이 꾸준히 블로그에 방문할 경우 한 달에 50~80만 원 정도의 수익을 얻을 수 있습니다. 즉 자신의 블로그에 하루에 1만 명의 사람들이 꾸준히 방문한다고 하면, 구글 애드센스로 한 달에 약 100만 원의 수익을 얻을 수 있습니다.

위에서 이야기했듯이 저는 5개의 블로그를 운영했습니다. 과거형인 것은 뒤에서 자세하게 설명하겠습니다. 메인블로그의 일일 방문객이 5천~1만 명 정도이며, 서브블로그는 개당 약 2천 명 정도의 방문객이 방문했습니다. 메인블로그 2개에 서브블로그가 총 3개, 따라서 하루에 약 1만~2만 명이 조금 넘는 방문객이 방문한 것이죠.

저는 현재 건축 자재 제조회사를 다니고 있습니다. 따라서 블로그를 관리할 수 있는 시간은 아침 및 저녁 시간뿐이죠. 주로 하루에 2시간은 글을 쓰고 편집하는 데 쓰고 있습니다. 아침에 일어나 출근하면서 인터넷 신문과 각종 포털사이트의 메인을 보면서 이슈를 머릿속으로 정리하고, 포스팅해야겠다고 생각한 주제를 메모해놓습니다.

실시간으로 꼭 해야 할 포스팅이 있다면 출근 중에 스마트폰을 이용해서 글을 적어놓습니다. 티스토리 경우는 스마트폰을 이용해서 발행까지도 할 수 있기에 자주는 아니지만 종종 사용하기도 합니다.

이렇게 적은 주제들을 정리해서 꼭 올릴 만한 내용을 2~4개로 간추려놓고, 퇴근 후 1~2시간 동안 포스팅을 합니다. 먼저 이미지와 내용을 검색하면서 글을 적기 시작합니다. 보통 하나의 포스트에 걸리는 시간은 약 20분 정도지만, 일반적인 이슈나 이미 신문상에 많은 정보가 있는 글의 경우는 하나의 주제에 10분도 채 걸리지 않습니다.

집에서 블로그로만 돈을 벌 수 있다? 못 믿겨진다고요? 아니면 하루에 1만 명의 방문객을 얻기가 힘들 것 같나요? 저는 절대 그렇지 않다고 생각합니다. 실제로 저희 어머니께서는 앞으로 제가 여러분께 알려드릴 것과 동일한 방법만으로 하루 2천 명 수준의 방문객의 블로그를 운영하셨습니다. 저 역시 원래는 하나의 메인블로그만 운영했지만, 이 책을 쓰면서 동일한 방법으로 새롭게 블로그를 개설하여 두 개의 메인블로그를 운영했습니다. 그래서 저는 저의 경험과 이론적인 지식을 기준으로 앞으로 여러분께 그 길을 제시하려 합니다.

여러분은 많이 준비할 필요도 없습니다. '과연 될까?'라는 의심보다는 '한 번 해봐야지'라는 마음가짐으로 따라오면 됩니다. 그래야 도전할 수 있고 행동할 수 있기 때문입니다.

나이 든 분도 도전 가능한 블로그 투잡

저 같은 경우는 대학교에서 컴퓨터 관련 학과를 전공하였고 졸업 후 저축은 행 전산실에서 근무하면서 프로그램 및 코딩을 하였습니다. 따라서 컴퓨터 및 프로그램에는 익숙했습니다. 블로그 역시 인터넷 웹페이지였기 때문에 큰 어려움은 없었습니다. 다만 디자인은 잘 못하기 때문에 그 부분에서는 조금 힘들었죠.

컴퓨터를 잘 모르는 분들은 블로그를 시작하는 데 어려움이 있을 수 있습니다. 개설 방법, 글 등록, 발행, 광고 다는 방법, 검색엔진 및 메타블로그 등록 등 초보자는 접근하기 조금 어려운 부분이 분명 있습니다. 그래서 저는 약간의 도움으로 나이 드신 분들도 블로그를 운영할 수 있다는 것을 실험하고 확인했으며, 보여드리려고 합니다.

제 어머니는 1961년생으로 올해 만으로 52세입니다. 젊은 사람들도 블로그로 돈을 벌기 힘든데 나이 많은 분이 컴퓨터를 통해 수입을 얻는다는 상상을 해보셨나요? 저 역시 힘들다고 말씀드리고 싶습니다. 앞으로 설명할 블로그 개설, 글 등록, 발행, 광고 다는 방법, 검색엔진 및 메타블로그 등록 등에 대해 잘 모르시기 때문입니다. 특히 저희 어머니 같은 경우에는 키보드 두드리는 것 자체를 잘 못하십니다. 마우스를 클릭할 때 왼쪽을 눌러야 하는지 오른쪽을 눌러야 하는 지도 잘 모르시는 분이십니다. 지금도 타자연습 프로그램으로 타자를 익히시고, 프로그램 창을 끄거나 아래로 숨기는 법을 헷갈려하십니다.

그래서 저는 컴퓨터 끄고 켜는 법과 블로그까지 들어가는 법을 매뉴얼로 만들어서 드렸습니다. 하나하나 설명해드렸고, 비밀번호랑 아이디도 적어서 드렸습니다. 어머니가 운영하는 블로그 주소는 sill.tistory.com입니다.

어머니께서는 연세 때문인지 글 쓰는 일 자체를 잘 못하십니다. 본인이 하고 있는 것이 맞는지 틀리는지도 잘 모르십니다. 하지만 블로그는 수정이라는 기능이 있습니다. 글을 쓰고 도중에 멈추었다고 하더라도 임시저장이 되는 기능도 있습니다. 따라서 일단 대충 쓰시고 미발행이나 임시저장으로 저장해놓으실 때가 많으셨습니다. 이러한 글들을 제가 간단히 보고 저장해서 올려드리곤 했죠.

여러분도 이처럼 주변에 잘하시는 분들에게 하나씩 물어가면서 수정해나간다면 블로그가 자신이 생각하는 방향으로 흘러갈 수 있고, 많은 방문객들이 들어와 내 글을 읽고 나갈 수 있을 겁니다.

저희 어머니께서는 일기 위주의 글과 자신이 좋아하고 흥미를 느끼는 인터넷 기사에 대해 간단한 의견을 첨부해 글을 올리십니다. 여의도 공원 다녀온 일이라든지 드라마를 보고 줄거리에 대한 내용을 포스팅하는 형식입니다.

현란한 기법? 그런 것은 존재하지 않습니다. 일단은 사진 한두 장을 삽입하고 간단한 내용을 적을 뿐이죠. 다만 반드시 아래 매뉴얼대로 포스트를 써보시기 바랍니다. 5개의 과정 중 1개도 빠뜨리지 않아야 합니다.

❶ 카테고리를 만들고 선택하기
❷ 제목 넣기
❸ 내용 넣기
❹ 발행하기(카테고리에 맞게)
❺ 태그 넣기

이 5개는 반드시 하셔야 합니다. 어머니께서 3주 가까이 블로그를 하셨을 때, 총 글이 43개, 일일 평균 방문객은 100명이 넘어섰습니다. 포스팅하는 과정을 아직도 어려워하시지만 시간이 지나면서 점점 익숙해지시는 듯합니다.

구글 애드센스에는 제가 가입시켜 드렸습니다. 2013년 1월 10일 2주 정도 됐을 때 총 수익은 1달러였습니다. 처음 어머니 목표는 한 달에 100달러를 모으는 것이었습니다. 당신께서 사고 싶은 물건을 구입할 수 있는 돈을 모으시고 싶다는 것이었죠. 2013년 4월 24일 총 167.83달러를 광고비로 받으셨고, 4월 한 달 동안만 183.87달러를 받으셨습니다. 한 달에 100달러를 모으는 목표는 이제 하루에 10달러를 모으는 것으로 상향 조정되었습니다.

저희 어머니께서는 블로그가 처음이십니다. 아니, 이렇게 컴퓨터로 글을 적는 자체가 처음이십니다. 이처럼 젊은 사람이 아니더라도 충분히 할 수 있다는 것을 알려드리고 싶습니다. 다만 처음에는 혼자 하기가 매우 힘이 들 수 있습니다. 옆에서 누군가가 도와준다면, 누구든 블로그를 운영하고 수익을 낼 수 있을 것입니다. 지금 저는 이론적으로만 알려드릴 뿐입니다. 여러분도 부모님이나 주변의 어르신이 집에서 인터넷으로 수익을 얻고 싶다는 이야기를 한다면, 한번 권해주세요. 이론은 배우면 됩니다. 하지만 실전은 인터넷으로 배울 수 없습니다. 젊으면서도 컴퓨터에 대해서 잘 아는 누군가가 옆에서 직접 지도해주어야 합니다. 이 글을 읽은 여러분이 바로 그 주인공입니다. 한번 선생님이 되어보는 것은 어떨까요?

주변에 돈이 필요하시고 컴퓨터를 배우고 싶어 하시는 어르신이 계시다면 한번 권해드리고 가르쳐드려보세요. 심심해하지도 않으시고 돈도 버실 수 있는 최고의 기회가 될 수 있다고 생각합니다. 투자비용 0원으로 수익을 창출하고 사이도 돈독해질 수 있는 기회, 놓치지 말기 바랍니다.

어떤 포털, 어떤 광고 서비스를 선택할 것인가?

다음, 네이버, 구글, 네이트 등 수많은 포털사이트에서 블로그를 제공하고 있습니다. 하지만 이 블로그들 중에서 돈을 벌 수 있는 블로그는 많지 않습니다.

자신이 좋아서 블로그에 글을 올린다면 어떤 블로그를 선택하라고 딱히 말하지는 않겠습니다. 하지만 돈을 위해, 투잡을 위해 블로그를 운영할 예정인 분들은 반드시 숙지하십시오.

티스토리! 바로 티스토리입니다. 티스토리 블로그는 다른 블로그와 달리 자유도가 상당히 높은 블로그입니다. 다음, 네이버 블로그는 일반적으로 주어진 포맷 이외에는 수정이 불가능합니다. HTML 소스와 CSS 소스를 수정할 수 없기 때문에 기본적인 틀을 고칠 수도 없습니다. 이 말은 내가 자유롭게 광고를 달고 싶어도 네이버와 다음에서 허락하지 않는다면 달 수 없다는 의미입니다. 네이트의 이글루스 역시 이와 비슷합니다. 지금은 많이 발전하였지만 그래도 아직 티스토리만큼의 자유도는 나오지 못하는 것이 현실입니다.

소스를 수정할 수 있다는 것은 운영자가 원하는 형식으로 블로그를 자유롭게 꾸미고 운영자가 원하는 광고와 내용을 넣을 수 있다는 뜻입니다. 따라서 저는 앞으로 티스토리 블로그 위주로 설명할 것입니다. 구글 애드센스를 넣으려면 티스토리 블로그가 자유도도 높고 다루기도 편하기 때문입니다. 또한 다음에서 티스토리 블로그를 직접 운영하고 있기 때문에 포털사이트에서 검색 시 타 설치형 블로그들에 비해서 우선순위로 검색될 확률이 높습니다. 이는 뒤에서 다시 살펴보겠습니다.

그렇다면 왜 구글 애드센스라는 광고를 달아야 하는 것일까요? 애드센스는 세계 최고의 검색엔진 구글에서 만든 광고 프로그램입니다. 우리나라의 여러 광고 업체도 유사한 방법으로 광고를 운영 중이지만 아직 구글의 서비스에 접근하기 힘든 현실입니다. 클릭률 등으로 구글 애드센스와 다른 서비스를 비교해보면 그 수익율은 구글 애드센스가 최소 2~3배, 최대 10배 가까이 높습니다.

하루에 1천 명이 방문할 때, 3천 원 수준의 수익을 올릴 수 있는 서비스와 하루에 1천 명이 방문했을 때, 500원 수준의 수익을 올릴 수 있는 서비스가 있다면 어떤 서비스를 선택하겠습니까? 따라서 이 책에서는 최고의 수익을 올릴 수 있는 서비스인 구글 애드센스에 대해서만 설명하겠습니다.

12개월간의 멀티블로그 테스트 결과

그러나 정말 이 세상에 편하게 돈 버는 방법은 없는 것 같습니다. 저는 5개의 블로그를 운영하고 있었습니다. '나는 고객이다'라는 메인블로그와 4개의 서브블로그를 하나의 티스토리 아이디를 이용하여 운영하는 멀티블로그 형식으로 운영을 하였습니다.

처음에는 순조로웠습니다. 하지만 단 한순간에 저는 이 다섯 개의 블로그를 모두 잃어버리고 말았습니다. 그리고 지금 다시 시작하고 있습니다. 따라서 현재는 책에서 예로 드는 제 블로그 주소에 접속할 수 없지만, 티스토리 내에서 블로그를 만들고 운영하는 방법 자체는 동일하므로 참고하시기 바랍니다.

제가 멀티블로그를 처음 운영했던 방식은 1개의 주제를 가지고 5개의 블로그에 나눠 쓰는 형식이었습니다. 내용은 비슷하고 제목은 다르며 사진도 다르게 블로그를 만들고 운영해나갔습니다. 특히 등록을 거의 동시에 하였기에 실시간 검색어를 집중적으로 포스팅하였습니다. 순간적으로 많은 방문객이 유입될 수 있도록 유도한 작전이었습니다. 이러한 방법에는 장단점이 있지만, 단점보다는 장점이 매우 많았습니다. 그렇기에 저는 이 방법을 쉽게 포기하지 못하였습니다.

장단점을 살펴보죠. 먼저 장점입니다.

첫째, 하나의 주제로 5개의 블로그에 글을 쓴다는 것은 놀라울 정도로 시간을 단축시킬 수 있습니다. 한번 글을 써 놓으면, 그 글을 다른 4개의 블로그에는 조금만 수정을 하여 포스팅을 하면 되기 때문입니다.

둘째, 제가 적은 주제가 실시간 검색어에 있으면 최소 1~2개의 포스트는 포털사이트의 첫 번째 페이지에 올라갈 확률이 높았습니다. 이는 다른 3~4개의 블로그 포스트가 사람들의 방문을 끌어내지 못하더라도 다른 1~2개의 블로그가 그

나머지를 충분히 메꾸어줄 수 있을 만큼의 힘을 가질 수 있다는 것입니다.

셋째, 구글 애드센스 수익의 증가입니다. 이미 5개라는 비슷한 주제를 가지고 물샐틈없이 포털사이트를 공략하였기에 최소 1개만 제대로 걸렸다 하면 그 포스트 하나로 1만~2만 명은 너끈히 끌어모을 수 있었습니다.

다음은 단점입니다.

첫째, 티스토리 블로그의 운영 중단. 가장 큰 타격입니다. 경고 조치도 없습니다. 스팸성 글로 인식하여 티스토리 측에서 과감하게 제 블로그를 모두 접근 금지 조치하였습니다. 불행히도 저는 1개의 아이디로 5개를 운영하였고, 티스토리 측에서는 블로그가 아닌 아이디를 접근 금지 조치해서 5개의 블로그 모두 단 하루 만에 날리는 큰 타격을 당하게 되었습니다.

둘째, 저품질 블로그에 걸리기 쉽습니다. 저는 5개의 블로그 중 3개의 블로그만 활성화된 블로그였습니다. 다른 2개는 저품질 블로그였습니다. 하나의 블로그는 네이버에서 아예 검색이 안 되었으며(네이버에 등록은 되었습니다), 또 다른 하나의 블로그는 구글에서 검색이 안 되었습니다. 이러한 저품질 블로그는 다른 3개의 블로그에 비해 방문객의 숫자가 적었지만 꾸준히 다른 검색사이트를 통해서 유입은 되었습니다.

이렇게 티스토리 블로그를 잃어버린 저는 몇 가지 깨달음을 얻고 새롭게 멀티블로그를 운영하고 있습니다. 그 방법은 다음과 같습니다.

첫째, 하나의 아이디에 하나의 블로그를 원칙으로 운영합니다. 만약 티스토리 측에서 아이디에 제재를 가하더라도 다른 아이디는 살릴 수 있기 때문입니다. 단점으로 초대장을 여러장 받아야 하는 번거로움이 있습니다.

둘째, 하나의 주제로 글을 쓸 때에는 동일한 사진, 제목, 내용을 최대한 자제하고, 등록하는 시간을 다르게 합니다. 티스토리 측에서는 올리는 글의 IP와 시간 등을 주로 살펴봅니다. 물론 내용도 살펴봅니다. 따라서 시간이나 장소를 달리하면 조금 더 수월하게 멀티블로그를 운영할 수 있습니다.

셋째, 하나의 블로그는 하나의 컬러를 가집니다. 여러 개의 컬러를 가진 블로그는 그만큼 복잡해질 수밖에 없습니다. 그러다 보면 이 블로그에 쓴 글을 다른 블로그에도 쓰게 됩니다. 각자 다른 컬러의 블로그를 운영한다면, 글을 쓸 때에 동일한 주제로 글을 쓰게 되더라도 조금 더 신경을 써서 글을 쓰게 됩니다.

새롭게 블로그를 운영을 하고 있는 지금까지 큰 문제는 없습니다. 다만 새롭게 시작하였기에 방문자의 숫자가 줄어들어 수익이 상당히 줄어들었습니다. 하지만 기존의 경험을 바탕으로 운영을 해나간다면 충분히 빠른 시간 내에 기존보다 더 많은 수익을 올릴 수 있는 방법을 찾을 수 있을 것이라고 생각합니다.

모든 일이 다 그렇지만 블로그 역시 시간과 경험이 가장 큰 무기입니다. 누적된 정보와 포스팅은 당신이 흘린 땀입니다. 땀은 결코 당신을 배반하지 않습니다. 수익이라는 큰 혜택을 주고, 경험이라는 큰 기쁨을 줄 것입니다.

이제 1장부터 본격적으로 티스토리 가입법, 광고 위치나 광고를 다는 방법이나 전략 등 모든 것을 순차적으로 살펴볼 것입니다. 사실, 어떻게 보면 블로그로 돈을 버는 전략은 간단합니다.

❶ 많은 방문객 유도
❷ 많은 클릭 수 유도

이 두 가지를 만족한다면 여러분은 블로그로 투잡을 무리 없이 할 수 있을 것입니다. "글을 잘 써야 하나요? 컴퓨터를 잘 다뤄야 하나요?" 이렇게 묻는 분들이 많은데, 절대 그렇지 않습니다. 글을 잘 못 써도, 컴퓨터를 잘 다루지 못해도 누구나 블로그를 운영할 수 있습니다. 여러분께 필요한 것은 처음에 아무런 결과가 나오지 않는다 하더라도 노력하고 꾸준히 하는 '끈기' 하나입니다.

'비록 시작은 미약하나 그 끝은 창대하리'라는 말이 있습니다. 여러분의 빛나는 앞날의 길을 비추어줄 등대와 표지판이 되고자 하니 앞으로의 내용을 하나하나 잘 숙지하고 잘 따라와주시기 바랍니다.

01

티스토리 블로그 만들기

티스토리 계정 만들기

블로그 꾸미기

블로그 몸집 불리기

티스토리 회원가입

천 리 길도 한 걸음부터

한 달에 100만 원, 많게는 그 이상을 원하는 분! 이제부터 당신은 부지런해야 합니다. 원래의 직업에 충실하면서 당신의 남는 시간을 모두 블로그에 집중해야 한다고 말하고 싶습니다.

블로그가 자리 잡는 데에는 시간이 오래 걸립니다. 저의 경험상 하나의 블로그가 초반에 자리 잡는 데 걸리는 시간은 약 3개월 정도이며, 주제를 정하고 그 주제에 관한 내용이 쌓여 방문객이 꾸준하게 방문하게 되는 기틀을 잡는 데까지 걸리는 시간은 약 6개월 정도입니다. 즉 6개월 정도에 걸쳐 하나의 탄탄한 블로그가 만들어지게 되는 것이라 볼 수 있습니다. 이렇게 만들어진 블로그를 안정화하고 하루에 수천 명에서 수만 명 수준의 방문객이 들어올 수 있게 하려면 탄탄한 콘텐츠와 차별화가 필요하고 이슈에 민감한 블로그를 만들어야 합니다.

하루에 1만 명! 상당히 많은 인원처럼 보입니다. 실제로 하루에 1만 명에 가까운 방문객이 내 블로그에 들어오도록 한다는 것은 상당히 어려운 일입니다. 수년에 걸쳐 하루에 1천 명 정도의 방문객을 유지하는 블로그들이 수두룩합니다. 그런 블로그들이 파워블로그라 불리는 현실에서 단 6개월 만에 이 정도의 방문객이 방문할 수 있는 블로그를 만든다는 것은 결코 쉽지 않습니다. 따라서 전략을 잘 짜야 하고 블로그를 운영하는 데 꾸준히 흥미를 가져야 합니다.

최초 하루에 4~6시간은 블로그에 투자해야 합니다. 그래야 6개월 후에는 하루에 30분에서 1시간만 투자해도 꾸준히 1만 명 수준의 방문객이 드나드는 블로그를 소유할 수 있습니다.

첫걸음은 나만의 블로그를 만드는 것입니다. 구글 애드센스를 달기 위해서는 반드시는 아니지만 가장 공용화된 툴이 바로 티스토리 블로그입니다. 네이버나 다음 블로그 같은 경우는 상업적 광고를 싣기에는 제한이 너무나도 많습니다. 규정부터가 차이가 납니다. 네이버는 구글과 같은 "HTML을 사용하는 광고를 실을 수 없다"라고 명문화하였고, 다음 블로그 역시 같은 이유로 HTML과 CSS를 수정할 수 없기 때문에 구글 애드센스를 부착할 수 없습니다.

다음과 네이버 블로그에 구글 애드센스를 달 수 없는 가장 큰 이유는 각 포털사이트가 자체적으로 광고 프로그램이 있기 때문입니다. 다음은 2013년 6월에 종료된 'view 애드박스'라는 자체 광고가 있었고 다른 광고를 오픈할 예정이며, 네이버는 '애드포스트'라는 자체 광고가 있습니다. 그렇기 때문에 만약 다른 광고를 받아들이게 되면, 이러한 자체 광고의 효율이 떨어지기 때문에 사전에 차단하는 것입니다. 따라서 여러분은 조금이라도 자유로운 티스토리 블로그의 관리도구 툴을 사용해야만 구글 애드센스를 통해서 수익을 올릴 수 있습니다.

자, 그럼 일단 티스토리에 가입을 해야겠죠? 티스토리 주소인 www.tistory.com에 접속해봅시다.

　　처음 티스토리 블로그를 시작하려는 여러분은 크나큰 문제를 당면하게 됩니다. 바로 회원가입을 내 마음대로 할 수 없다는 점입니다. 티스토리는 '초대장'이라는 시스템을 가지고 있습니다. 아무나 가입할 수 있는 것이 아니라 기존 티스토리 블로거들에게 초대장을 받아야만 회원가입이 가능한 시스템입니다. 그렇기 때문에 초대장을 소유하고 있는 기존의 티스토리 회원이자 블로거들에게 초대장 '구걸'을 해야 합니다. 조금은 창피하고 억울할지 모르지만, 현재까지의 티스토리 시스템으로는 어쩔 수 없습니다. 주변에 티스토리 유저가 있다면 보유하고 있는 초대장을 달라고 하시고, 없다면 티스토리 홈페이지에 들어가서 '회원가입'을 누른 후 연결된 페이지에서 티스토리 초대장 보유 회원들에게 초대장을 달라고 끊임없이 요청을 해야 합니다.

아이디와 비밀번호가 없기 때문에 초대장을 얻는 것이 첫 번째입니다. 그림과 같이 티스토리 메인화면의 좌측 상단 박스에서 '회원가입'을 클릭하면, 초대 화면으로 넘어갑니다.

초대장을 많이 배포하는 사람이건 적게 배포하는 사람이건 일단 들어가서 꾸준히 달라고 요청하세요. 이때 초대장을 보유한 사람들은 티스토리의 규정상 대부분 동일한 내용을 여러분께 요구할 것입니다.

❶ 이메일 주소
❷ 블로그를 하고자 하는 이유

이메일 주소는 티스토리 회원 자신이 가지고 있는 티스토리 초대장을 보내야 하기 때문이며, 블로그를 왜 할 것인지 물어보는 이유는 초대장을 달라는 사람이 많으니 읽어보고 자신의 마음에 들면 초대장을 보내주겠다는 것입니다. 이에 대해 길게 적을 필요는 없습니다. 세네 줄 정도로 간단하게 어떤 주제의 블로그를 하고 싶으므로 초대장이 필요하니 꼭 주십시오 정도의 내용으로 글을 적으면 됩니다.

이때 팁을 드리자면 초대 화면에서 '마감'이라고 써 있는 블로거는 이미 초대장을 다 배포했다는 뜻입니다. 그런 블로그에는 들어가봐야 헛고생입니다.

둘째, 위의 이메일이나 블로그를 하고 싶은 이유를 사전에 메모장이나 다른 곳(한글, 워드패드 등)에 적어서 저장해놓으세요. 초대장을 가진 블로거는 한두 명이 아닙니다. 사전에 미리 적어놓은 내용을 복사해서, 초대장을 배포하는 이벤트를 하고 있는 블로거들을 모두 찾아가 댓글에 붙여넣기하세요. 어차피 초대장은 한 장만 받으면 됩니다. 수십 군데의 티스토리 블로그를 찾는 당신의 노력은 초대장 한 장으로 보답받을 수 있습니다. 끊임없이 노력하는 자가 티스토리에 가입할 수 있습니다.

만약 그렇게 열심히 노력해서 초대장을 요구하였다면, 다음 날 또는 초대장을 열심히 요청한 당일 저녁에 자신의 이메일로 티스토리 초대장이 날아와 있는 것을 볼 수 있을 것입니다.

티스토리 블로그 생성하기

티스토리 초대장 확인 후 블로그를 만들기

모두 자신의 이메일은 확인하셨나요? 티스토리 초대장이 자신의 이메일에 들어와 있는 것을 확인한 분들은 다음 내용으로 넘어가면 되고, 아직 못 받은 분들은 열심히 컨트롤＋C, 컨트롤＋V 키를 누르며 메모장에 복사해놓은 초대 요청 글을 다른 티스토리 블로거들의 댓글란에 붙여넣기하세요.

이메일에서 초대장 확인 후 티스토리 블로그를 개설해봅시다.

초대장 메일을 받은 사람은 7일 이내로 자신의 블로그를 만들어야 합니다.

티스토리 초대장이 자동으로 회수되기 때문입니다. 또한 이 초대장으로 15일 이내에 가입하지 않을 경우 초대가 자동 취소됩니다. 이제 초대장의 [회원가입하기] 버튼을 클릭하여 회원가입을 해보겠습니다.

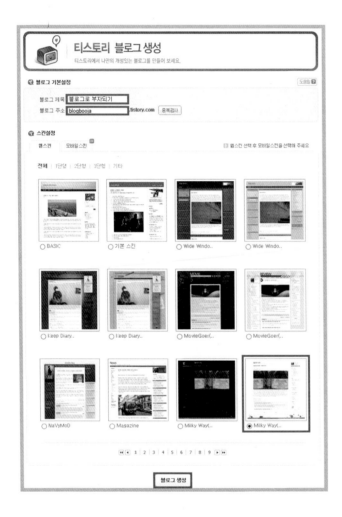

티스토리 초대장의 [회원 가입하기] 버튼을 누르면 티스토리 블로그를 생성하는 페이지로 자동 이동됩니다. 향후 사용할 티스토리 블로그의 아이디

와 비밀번호를 만들고, 블로그 제목과 스킨, 그리고 가장 중요한 블로그 주소를 만들어야 합니다. 저는 '블로그로 부자되기'라는 제목으로 블로그를 만들겠습니다. 제 새로운 티스토리 블로그의 주소는 blogbooja.tistory.com입니다.

티스토리 블로그의 모든 주소는 ○○○.tistory.com이라는 형태를 가지게 됩니다. 예를 들어 제 블로그의 주소는 nacustomer.tistory.com입니다. 여러분도 미리 자신만의 티스토리 주소를 생각해놓으세요. 유명한 단어들은 이미 다 등록되어 있습니다. 저 같은 경우는 '나는 고객이다'라는 말을 표현한 주소로 만든 것입니다(na＝나, customer＝고객).

이렇게 열심히 만든 주소지만 나중에 블로그를 운영할 때는 주소가 크게 중요하지 않습니다. 왜냐고요? 요즘은 주소로 직접 들어오는 방문객은 거의 없기 때문입니다. 검색엔진 즉 다음이나 네이버, 구글 등의 포털사이트를 통한 유입이 가장 많으며, 메타블로그를 통한 링크를 통해 들어오거나 RSS, 이메일 구독, 즐겨찾기 등으로 들어오는 등 다양한 방법이 생겼기 때문입니다.

그래서 주소라는 것을 만들 때 큰 신경을 쓸 일은 없지만, 그래도 우리집 주소인데 잘 지으면 좋겠죠? 주소를 짓는 데에는 크게 세 가지 정도 방법이 있습니다. 먼저 주소를 처음 만들 때, 주제와 어울리는 주소 또는 흔한 단어나 패러디를 이용하면 사람들이 암기하기 쉽습니다. 유명 블로거들의 주소역시 이러한 방법을 많이 사용하고 있습니다. 두 번째로 자신의 블로그 필명을 블로그의 주소로 적는 방법도 있습니다. 이렇게 주소를 만든다면 사람들이 더 많이, 그리고 더 오래 기억해주겠죠? 세 번째로 최근 사람들이 사용하는 방법은 자신의 이름을 그대로 영문으로 사용하는 방법입니다. 사랑, 사탕, 믿음 등의 단어를 키보드 그대로 혹은 영문화하는 방법이죠.

다음으로 스킨을 선택하겠습니다. 가장 하단에 있는 2단 스킨인 'Milky Way(White)'라는 스킨을 선택하겠습니다. 앞으로 이 책에서는 이 기본 스킨을 기준으로 설명할 것입니다. 스킨마다 약간씩 HTML 소스가 다르기 때문에, 다른 스킨을 선택하면 광고를 블로그에 삽입할 때 제가 설명하는 위치와 다를 수 있습니다. 초보자분들은 이런 점에 유의하여 스킨을 정하기 바랍니다. 주소, 스킨 모두 정했으면 최하단의 [블로그 생성] 버튼을 누릅니다.

이렇게 새로운 티스토리 블로그를 개설하였습니다. [티스토리 홈 바로가기] 버튼과 [내 블로그 바로가기] 버튼이 보일 것입니다. [내 블로그 바로가기] 버튼을 눌러보겠습니다.

텅 비어 있는 하얀 페이지의 깔끔하고 새로운 블로그가 개설되어 있는 모습이 보일 것입니다.

글 쓰는 방법과 카테고리 설정 방법

📓 블로그만 만들면 바로 광고를 달아 돈을 벌 수 있나?

"블로그를 만들면 바로 광고를 달아서 돈을 벌 수 있는 것이 아닌가요?"라는 의문을 가진 분들이 있습니다. 안타깝지만, 안 됩니다.

구글 애드센스를 내 블로그에 달기 위해서는 먼저 구글 애드센스 계정에 가입해야 합니다. 가입하기 위해서는 아래 3가지가 기본사항으로 준비되어 있어야 합니다.

❶ 네이버 같은 블로그가 아닌 설치형 블로그를 운영
❷ 최소 5개 이상 포스트
❸ 구글 계정

3가지가 준비가 되었다면 구글 애드센스 계정 등록을 위한 단계로 이동하면 됩니다. 아직 안 되었다면 더 글을 써서 블로그의 포스트 수와 방문객 수를 늘려나가야 합니다. 최소 하루에 100~200명 정도의 꾸준한 방문객의 유입이 있어야 구글에서는 광고를 달아도 충분한 블로그라고 판단하여 광고를 달 수 있는 권한을 줍니다. 따라서 그 전에 블로그를 활성화시켜서 블로그에 광고를 달 수 있을 만큼의 방문객들이 드나든다는 것을 광고주에게 어필해야 합니다. 이는 구글 이외의 다른 광고 사이트 및 광고주에게도 마찬가지입니다.

이렇게 하기 위해서는 먼저 블로그에 카테고리를 만들고 글을 적어야 합니다. 블로그를 만든 이유는 물론 광고 수익을 올리기 위해서이기도 하지만 자신이 좋아하는 분야를 타인과 공유하기 위함도 있습니다. 따라서 자신이 흥미가 있거나 많은 지식을 가지고 있는 분야를 선택해서 카테고리를 만들고 글을 쓰십시오.

글을 쓰는 방법에는 제목을 적고, 내용, 태그 및 사진, 동영상 등을 삽입하는 방법들이 있습니다. 일단 글을 적을 때에는 아래의 것들을 최대한 빼먹지 말고 다 해주시기 바랍니다. 그래야 검색엔진을 통해 보다 많은 사람들을 유입시킬 수 있습니다. 글을 적을 때 반드시 넣어야 할 내용은 다음과 같습니다.

❶ 제목
❷ 내용
❸ 사진이나 그림
❹ 태그 지정
❺ 발행하기
❻ 동영상

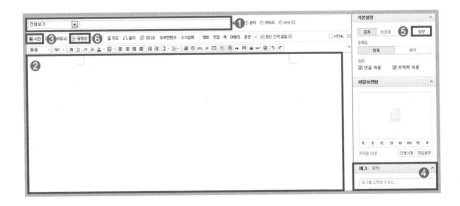

6번은 선택사항이지만 1~5번은 필수사항입니다.

글을 적기에 앞서 카테고리를 만들어야 합니다. 자신의 글이 일정한 분야에 들어가 있어야 방문객이 찾기 쉽고 블로그가 가지런한 느낌이 들기 때문입니다. 일단 저는 새로운 블로그의 주제를 '프로야구'로 잡을 예정입니다. 그렇다고 프로야구로만 방문객을 끌기는 어렵기 때문에 연애&사랑, 스타, 생활이슈, 그리고 블로그 이야기 등을 실을 예정입니다. 이렇게 해서 제 블로그 카테고리는 아래와 같이 정해졌습니다.

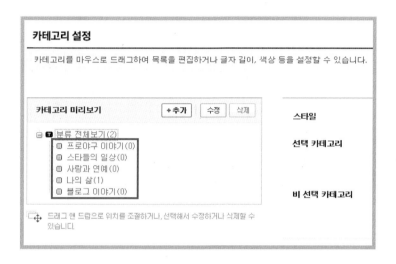

카테고리 추가, 수정, 삭제 등은 '카테고리 설정' 메뉴에서 하면 됩니다. 저는 이제 이 다섯 개의 카테고리를 가지고 방문객을 맞이할 것입니다. 처음에는 방문자가 많지 않겠지만 일일 방문객은 평균 100~200명을 유지해야 합니다. 그래야 구글 애드센스를 블로그에 달 수 있는 최소한의 조건을 만족하는 것이니까요. 그렇게 하기 위한 방법은 검색엔진 등록과 메타블로그 가입인데, 그 내용에 관해서는 차후 설명하겠습니다.

우선 카테고리에 글을 써봅시다. 자신만의 카테고리를 만들고 자신만의 필력을 방문객에게 보여주세요. 아마 처음에는 하루에 한두 명 정도 올 것입니다. 글이 쌓이고 다양한 검색엔진과 메타블로그에 가입을 한 후에야 비로소 어마어마한 방문객들이 들어오기 시작할 것입니다. 그때까지는 자신과의 싸움입니다. 얼마나 많은 글을 쓰고, 그 글이 사람들의 관심을 끌 수 있는가가 관건입니다.

일단 블로그를 활성화하기 위해 10개 정도의 글을 쓰십시오. 그 후에는 저와 함께 블로그를 꾸미고 여러 검색엔진과 메타블로그에 내 블로그를 등록하고, 방문객의 유입을 기다리며 새로운 글을 열심히 발행하도록 하죠.

블로그를 만들었다고 바로 포털사이트에서 검색하면 여러분의 글이 나오는 것은 아닙니다. 이는 포털에 블로그가 등록되어 있지 않고, 포털의 검색엔진이 여러분의 블로그를 아직 색인하지 못했기 때문입니다. 어느 정도 양질의 콘텐츠를 보유하고 있어야만 검색엔진의 검색에 걸릴 수 있습니다. 따라서 양질의 콘텐츠를 작성하고 많은 방문객들이 들어온다는 것을 보여주기 위해서는 포털사이트 가입에 앞서 메타블로그에 가입하여 카운트를 비약적으로 증가시켜주어야 합니다. 카운트가 늘어난다는 것은 방문객이 유입되고 있다는 것이며, 이는 죽어 있는 블로그가 아닌 살아 있는 블로그라는 의미이기 때문입니다.

02 블로그 꾸미기

글쓰기 화면과 사이드바 설정

📋 티스토리에 글을 쓰기 위한 기본 틀을 만들어보자

일단 내 블로그를 여러 사람들에게 공개하기 전에 방문객이 방문했을 때 보기 편한 블로그를 만들어야 합니다. 많은 분들이 "블로그에 글을 쓰려고 하니 가로 화면이 좁아 못 쓰겠다"라는 이야기를 합니다. "다른 블로그는 메인 화면에 여러 개의 내용들이 오밀조밀 클릭할 수 있는 아이콘 형식으로 되어 있는데 왜 나는 그냥 글만 계속 있나요?"라고 말씀하는 분들, 그리고 "나도 블로그 포스트 옆의 비어 있는 사이드바에 다양한 것들을 넣고 싶다!"라고 말씀하는 분들, 그런 여러분들을 위해 지금 설명하려 합니다.

제가 실습하는 티스토리 블로그의 주소는 blogbooja.tistory.com입니다.
스킨은 기본 스킨인 'Milky Way(White)'입니다. 확인하시고 적용해보시기
바랍니다.

블로그의 설정을 수정하려면 '관리자 모드'에 들어가야 합니다. 블로그 최
하단을 보면 [ADMIN]이라는 버튼이 있는데 이 버튼이 바로 관리자 모드로
이동할 수 있는 버튼입니다.

그럼 첫 번째로 글을 쓰는 페이지 화면을 넓혀보겠습니다. 자신이 쓰고 싶
은 만큼의 화면을 방문객에게 보여주기 위해서 반드시 필요한 과정입니다.
[ADMIN]를 눌러 관리자 모드로 들어갑니다.

관리자 모드의 좌측 메뉴 중 '글 관리〉글 설정'을 클릭합니다.

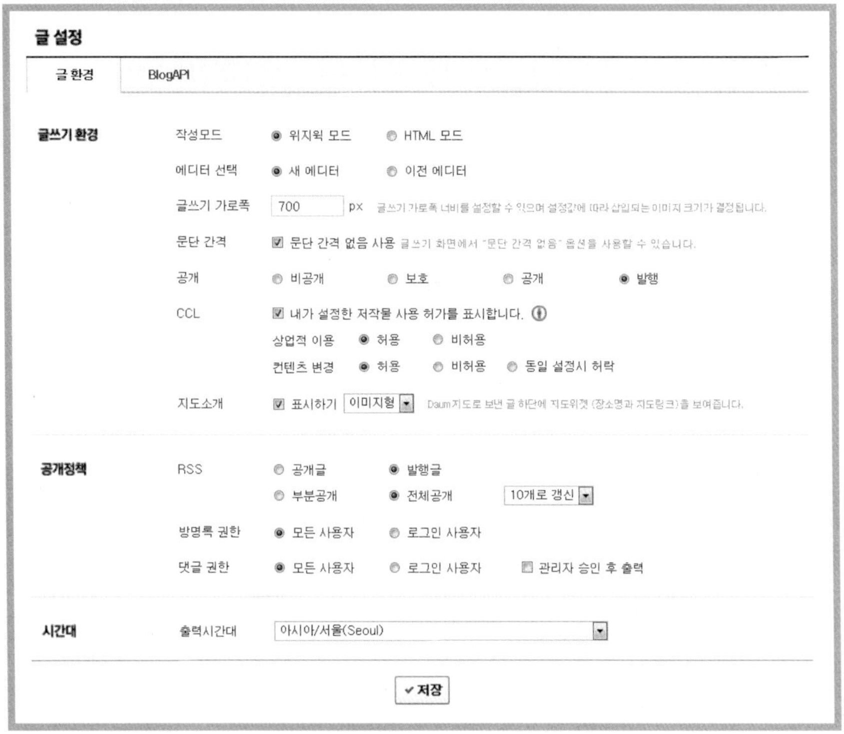

글 설정에 들어가면 다양한 메뉴가 보입니다. 글 설정은 글을 쓰기 위한 기본 틀의 형태를 사전에 설정해주는 메뉴입니다. 그림과 같이 체크해주세요. 거의 기본적으로 설정되어 있기 때문에 크게 수정할 필요는 없습니다.

여러분은 이곳에서 작성모드, 에디터 선택, 글쓰기 가로폭, 문단 간격, 공개, CCL, 지도소개, RSS, 방명록 권한, 댓글 권한, 출력시간대 등을 설정할 수 있습니다. 이 중에서 '글쓰기 가로폭'이라는 항목이 있는데요. 기본으로 500 픽셀px로 되어 있을 것입니다. 이 부분이 바로 화면의 넓이를 조정하는 곳입니다. 이를 700~800 이내의 사이즈로 설정하면 글쓰기 화면이 상당히 넓어질 것입니다. 글을 쓰는 공간을 넓혀 여유 있게 글을 쓰세요. 공간을 최대한 활용하여 방문객들에게 글쓴이의 입장을 확고히 보여줄 수 있을 것입니다.

다음으로 다양한 내용으로 사이드바를 꾸며보겠습니다.

초기 상태의 사이드바에는 카테고리, 공지, 태그, 최신글, 트랙백 정도가 노출됩니다. 새로 만들어서 그런지 내용이 아무것도 없습니다. 지금부터 이 사이드바를 내가 원하는 내용으로 가득 채워보겠습니다. 다시 블로그 하단의 [ADMIN] 버튼을 클릭해 관리자 모드로 이동합니다.

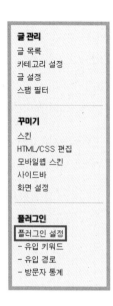

글 관리
글 목록
카테고리 설정
글 설정
스팸 필터

꾸미기
스킨
HTML/CSS 편집
모바일웹 스킨
사이드바
화면 설정

플러그인
플러그인 설정
- 유입 키워드
- 유입 경로
- 방문자 통계

관리자 메뉴에서 '플러그인〉플러그인 설정'을 클릭합니다.

플러그인 설정

블로그 기본 기능 외에 다양한 플러그인 기능을 활용하여 블로그를 더욱 풍성하게 사용할 수 있습니다.

전체 52 ▾ │ 추천 19 │ 글쓰기 6 │ 글 보내기 8 │ 꾸미기 18 │ 관리 및 통계 10 │ 스팸 불펌방지 7 │ 멀티미디어 3

사용 ▾	분류 ▾	플러그인 ▾	제작자 ▾	설정
	스팸 불펌방지	그림 문자(스팸 차단)	TISTORY	⚙
	관리 및 통계	검색어 통계	TISTORY	⚙
	글 보내기	viaBook	viaBook	⚙
	꾸미기	내 글 지도	TISTORY	⚙
	스팸 불펌방지	Akismet (댓글 스팸 필터링)	TISTORY	⚙
	글 보내기	소셜댓글 LiveRe	CIZION	⚙
	꾸미기	사업자 정보 표시	TISTORY	⚙
	꾸미기	내 모바일 티스토리 QR코드	TISTORY	⚙
	꾸미기	소셜웹 반응글 보기	TISTORY	⚙
	꾸미기	Facebook 소셜 플러그인	TISTORY	⚙
	글 보내기	Tistory2Facebook	TISTORY	⚙
	글쓰기	YouTube 동영상 넣기	TISTORY	⚙
	관리 및 통계	올블릿	블로그칵테일	⚙
	관리 및 통계	view 애드박스	TISTORY	⚙
✓	꾸미기	드래그 검색	Daum검색	⚙

플러그인은 총 50개 정도 있으며 앞으로 점점 늘어날 것으로 예상됩니다. 기본 설정으로 대부분이 OFF로 설정되어 있는데요, 이 중 자신이 필요한 플러그인을 ON으로 바꿉니다. 소셜 댓글도 달 수 있도록 해보고, 트위터나 페이스북과 연동해볼 수 있습니다. 자, 50여 개의 플러그인을 한번 둘러보시고 자신이 원하는 항목을 선택하여 ON으로 설정해놓으시기 바랍니다. ON으로 설정되면 그 내용을 사이드바 메뉴에 삽입이 가능합니다.

설정을 마쳤다면 사이드바 메뉴로 이동합시다. 관리자 좌측 메뉴 꾸미기에서 '꾸미기〉사이드바'를 클릭합니다.

그러면 현재 설정된, 즉 초기의 사이드바 모습이 나타납니다. 왼쪽에 있는 항목들을 모듈이라고 하며, 플러그인 중 사이드바에 배치할 수 있고 ON으로 설정한 모듈만 여기에 표시됩니다. 이 중 원하는 것을 오른쪽에 있는 사이드 바에 삽입하면 됩니다. 추가하고 싶은 모듈을 [기본 모듈] 또는 [모듈 보관함] 에서 [+] 버튼을 클릭하면 오른쪽의 사이드바로 삽입이 됩니다. 물론 오른 쪽의 사이드바에서 원하는 메뉴를 뺄 수도 있습니다. 빼고 싶은 항목은 [-] 버튼을 클릭하면 제거됩니다. [-]나 [+] 버튼 대신 마우스로 끌어다 놓아도 되며, 이를 통해 사이드바 내에서 표시되는 순서도 조정할 수 있습니다.

모든 작업이 끝났을 경우 반드시 오른쪽 상단에 있는 [저장] 버튼을 눌러야 합니다. 만약 이 [저장] 버튼을 누르지 않고 다른 주소로 이동하거나 브라우 저를 종료할 경우 사이드바의 내용이 저장되지 않습니다.

원하는 모듈들을 삽입한 사이드바를 블로그에서 확인한 모습입니다.

태그 입력기와 광고의 위치

💬 사이드바에 광고를 넣어도 될까?

사이드바에는 광고나 자신이 원하는 배너를 삽입할 수 있습니다. 바로 '태그 입력기' 기능을 통해서입니다. 따로 프로그램을 써야 하는 것이 아니라 앞에서 본 플러그인 중에 있습니다. 플러그인 설정에서 태그 입력기를 ON으로 바꾸면 사이드바 설정에 태그 입력기 모듈이 표시됩니다.

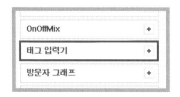

이 태그 입력기를 사용하면 편하게 광고나 배너 소스를 자신이 원하는 위치에 이동시키거나 삽입할 수 있습니다. 특히 구글 애드센스와 같은 경우는 HTML 코드로 이루어 있기 때문에 입력이 어려운데, 태그 입력기를 이용하면 애드센스 코드를 태그 입력기에 삽입한 후 원하는 위치에 쉽게 붙여넣기 할 수 있습니다.

다만 이러한 태그 입력기를 이용해 포스트 본문 대신 사이드바에 사용하는 것은 추천하지 않습니다. 이유는 사람들이 글을 읽을 때, 시선이 분산되어 광고 클릭률이 떨어지기 때문입니다. 하지만 블로그의 메인화면이나 태그 목록, 방명록 등 본문 포스트와 상관없는 페이지에 활용하는 것은 나쁘지 않습니다.

사이드바의 광고는 본문 포스트의 광고에 비해 그 효율은 떨어지지만, 메인화면이나 기타 본문과 무관한 페이지에서는 비어 있는 공간을 활용할 수 있는 가장 좋은 선택사항입니다.

그러나 일반적으로 본문에만 광고를 3개 삽입한 때와 사이드바에 1개, 본문에 2개 광고를 삽입한 때를 비교해보면, 클릭률은 본문에만 광고를 3개 삽입한 쪽이 사이드바와 본문에 광고를 나눠 삽입한 경우보다 약 20~30% 높습니다.

광고의 클릭률은 곧 수익과 직결됩니다. 똑같이 1만 명의 방문객이 하루에 방문할 때에 하루 200명의 사람이 클릭할 경우 수익과 240~260명이 광고를 클릭할 경우의 수익은 약 4천~5천 원 정도 차이를 보입니다.

이 계산은 일반적인 클릭률 2~3% 정도로 추산했을 때 결과입니다. 저의 클릭률 역시 평균 2.5%로 나타나왔습니다. 이는 본문에만 광고를 삽입했을 때입니다. 테스트를 위한 페이지를 만들어 사이드바와 나눠 광고를 삽입하였는데 그 경우에는 2% 초반까지 클릭률이 현저히 떨어지는 현상을 확인할 수 있었습니다. 하루에 얻는 수익이 적다면 크게 신경 쓰지 않을지 모르지만 그 과정이 쌓여간다면 나중에는 수익적으로 큰 손실을 입게 됩니다. 따라서 본문 포스트에 광고를 넣을 시에는 사이드바 광고를 추천하지 않습니다.

물론 블로그의 형태나 내용이 달라진다면 조금은 다를 수도 있겠죠? 사이드바와 본문의 광고에 대한 위치 조정과 활용은 차후에 다시 설명하겠습니다.

티스토리 스킨 변경하기

내 블로그 예쁘게 만들기

티스토리 블로그의 스킨은 기본으로 제공되는 스킨 중 하나를 선택해서 삽입할 수도 있지만 다른 사람들이 만든 스킨을 사용하거나 자신이 직접 만들어 사용할 수도 있습니다. 기본 스킨들도 예쁘고, 심플한 것들이 많지만 타인이 만들어 무료로 배포한 좋은 스킨들을 블로그에 적용하는 것도 좋은 방법 중 하나입니다.

저 역시 인터넷에서 쉽게 다운로드할 수 있는 스킨 중 하나를 사용하겠습니다. '티비의 세상구경'의 블로그 운영자 티비 님이 만든 '티비스킨'을 적용시켜보겠습니다. 해당 스킨은 nextgoal.tistory.com/1059에서 다운로드할 수 있습니다. 깔끔함이 가장 큰 장점인 스킨입니다.

위 주소에서 일단 스킨을 다운로드합니다. 보통 스킨은 그림 파일과 HTML 파일 그리고 CSS 파일 등이 함께 저장된 압축 파일의 형태로 배포됩니다. 다운로드한 파일의 압축을 푸시고 이 파일들을 자신의 블로그에 업로드해야 합니다.

압축 파일의 압축을 풀면 skin.html, style.css, index.xml 파일이 있을 것입니다. 그리고 그 밖에 이미지 파일들이 들어 있는 images 폴더가 있을 텐데 이 모든 파일은 하나의 장소에 업로드해야 합니다.

파일들을 업로드하기 위해서는 업로드 스킨 등록 메뉴로 이동해야 합니다. 자신의 블로그 관리자 모드에 들어가서 '꾸미기' 아래에 있는 '스킨'이라는 메뉴를 찾아보시기 바랍니다. 그다음 [보관함] 탭에서 화면 우측 상단의 [스킨등록] 버튼을 누릅니다. 즉 경로는 '꾸미기〉스킨〉[보관함]〉[스킨등록]'과 같습니다.

스킨은 폴더로 업로드할 수 있는 것이 아니라 파일 단위로 업로드해야 합니다. 따라서 하나의 폴더에 파일들을 모두 몰아서 한꺼번에 올리는 방법도 있고, 폴더에 있는 파일들을 나눠서 올리는 방법도 있습니다. 편한 방법으로 올리면 되겠습니다.

스킨 파일을 올려 스킨을 등록할 때에는 스킨을 저장할 스킨명을 적어주

어야 합니다. 우측 상단 '스킨 저장명'에 스킨 이름을 입력합니다. 여기에서 는 '티비스킨'이라고 적겠습니다. 그다음 하단의 [추가] 버튼을 눌러 스킨 파 일들을 업로드합니다. 그림 파일 및 HTML, CSS 파일을 모두 업로드했으면, 최하단의 [저장] 버튼을 눌러 스킨을 저장하기 바랍니다. 저장되는 데에는 시 간이 조금 소요됩니다.

이 공간은 스킨뿐 아니라 다른 파일을 올려도 되는 공간입니다. 차후 자신 이 업로드하여 링크를 만들거나 불러오고 싶은 파일들이 있으면 이 곳에 올 리셔도 괜찮습니다. 다만 총 용량이 10MB로 제한되어 있어 용량이 큰 파일 은 업로드하는 데 제한이 있습니다.

모두 저장되었으면 이제 스킨을 적용해봅시다. 관리자 모드에서 '꾸미기〉 스킨〉[보관함]'으로 이동하면 방금 만들어놓은 '티비스킨'이라는 새로운 스킨 이 있을 것입니다.

'티비스킨'을 적용하기 위해 [적용] 버튼을 누르기 바랍니다.

좌측은 기본 스킨을 사용할 때이고 우측은 '티비스킨'을 적용한 모습입니다. [적용]을 누르면 우측과 같이 자신의 블로그 스킨이 새롭게 바뀌어 있음을 확인할 수 있습니다.

티에디션으로 블로그 메인화면 꾸미기

내 블로그 얼굴 만들기

빨리 블로그를 포털사이트에 등록해야 하는데, 그 전에 해야 할 일이 정말 많다고 느끼실 수 있습니다. 포털사이트에 등록하기 위해서는 일 방문객이 꾸준히 100여 명 정도 되어야 하고, 어느 정도 글이 작성되어 있어야 합니다. 앞에서 만든 블로그에 포스트를 3개 이상 올렸다고 가정하고 다음으로 진행하겠습니다.

현재 블로그의 얼굴인 메인페이지에는 지금까지 쓴 포스트 3개가 순서대로 있을 것입니다. 자신이 직접 검색해서 들어와 검색한 글만 글 쭉 읽고 나가는 분들에게는 상관이 없겠지만, 블로그에 들어와서 연관된 자료나 다른 글들을 함께 볼 분들에게는 조금은 미안하죠. 특히 블로그의 얼굴이 없다는 것은 방문객에게 블로그를 제대로 소개하지 못하는 것과 같습니다. 그래서 지금부터 블로그의 얼굴을 만들어보겠습니다.

일단 관리자 모드로 들어갑니다. 항상 블로그를 꾸미기 위해서는 관리자 모드로 반드시 들어가야 합니다. 이제 '꾸미기〉화면 설정〉[티에디션]'으로 들어가세요. 그러면 오른쪽 상단에 [사용하기] 버튼이 보일 것입니다. 클릭해봅시다.

티에디션을 사용하는 것으로 적용되었으므로 [사용하기] 버튼이 [해제하기] 버튼으로 바뀌는 것을 볼 수 있을 것입니다. 그럼 이제 다시 블로그 메인

으로 돌아가 메인화면을 바꿔보도록 하겠습니다.

블로그 메인화면 오른쪽 상단에 [티에디션] 버튼이 보이시나요? 이제 이것 하나만 눌러주시면 바로 티에디션 메뉴가 뜨면서 메인화면을 다채롭게 바꿀 수 있습니다.

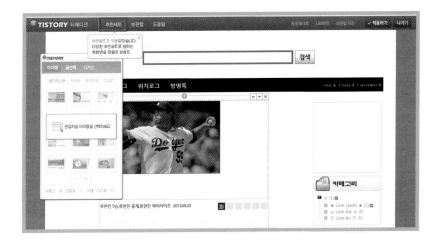

티에디션 메뉴의 상단 '추천세트'를 누르면 여러 디자인의 메인화면을 볼 수 있습니다.

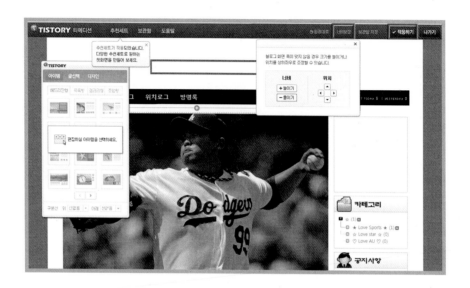

그리고 우측의 '너비보정'을 누르면 블로그 전체 화면의 너비를 조정할 수 있습니다. 바꾼 디자인을 적용하려면 맨 오른쪽의 [적용하기] 버튼을 누르시면 끝! 참 쉽죠?

메인화면을 만들 때에는 보통 두 가지 전략을 사용합니다.

❶ 최근에 올린 글을 메인화면 최상단에 나타내는 방법
❷ 자신이 블로그의 주제로 내세우는 글들을 메인화면 최상단에 나타내는 방법

세컨드블로그에는 주로 1번 방법을 사용하고 있습니다. 하지만 메인블로그인 '나는 고객이다' 블로그에는 2번 방법을 사용했습니다. 지금부터 장단

점을 간단히 소개하겠습니다.

1번의 장점은 방문객들이 방문한 즉시 최근 작성된 글을 확인할 수 있다는 것입니다. 블로그 주인은 자신이 생각하고 쓴 포스트를 메인화면 최상단에 올려놓음으로써 방문객들에게 새로운 글을 선보이며, 그와 연관된 다른 포스트까지 함께 보여주는 식의 흐름으로 블로그를 꾸며나갈 수 있습니다.

단점은 블로그의 주제가 뚜렷하지 않다는 느낌을 준다는 점입니다. 즉 1번은 흥미 위주의 기사나 실시간 이슈를 주로 다루는 블로그에 적합한 형태라 볼 수 있습니다.

2번의 장점은 블로그의 주제가 뚜렷하게 드러난다는 점입니다. 방문객에게 고품질의 포스팅을 전달하겠다는 블로거의 의도가 드러나는 것이죠. 특히 블로거가 공들여 쓴 포스팅을 블로그의 메인에 내세우면 고정 방문객을 증가시키고, 그 포스팅과 연관된 글들을 찾아 읽게 되는 방문객이 늘어날 수 있습니다.

단점으로는 최신의 글을 찾는 데 시간이 걸리며, 방문객들에게 살아 있는 블로그로 보이기 위해서 메인 주제에 관한 글을 자주 써야 한다는 점입니다. 보통 블로그 메인 주제 글들은 관리자가 고심해서 쓴 글들이기 때문에 쓰는 데 시간이 오래 걸리며, 글의 퀄리티도 다른 글들에 비해 높아야 하기에 가벼운 마음으로 쓰기 힘듭니다. 따라서 2번은 전문적인 지식을 가지고 있거나 하나의 주제에 대해 많은 정보를 가진 블로거에게 유리한 방법입니다.

메인화면을 반드시 만들 필요는 없습니다. 하지만 방문객이 내 블로그에 방문했을 경우 한눈에 다양한 주제의 글들을 보여주게 되어 블로그에 머무는 지속 시간을 늘릴 수 있는 가장 큰 무기가 되기도 합니다.

메타블로그에 대해서

다음 뷰, 믹시 등 다양한 메타블로그를 이용하자

드디어 메타블로그 가입 방법 및 절차에 관해 설명할 차례가 되었습니다. 메타블로그는 개별 블로그를 하나로 묶기 위한 일종의 블로그 포털사이트입니다. 블로거가 RSS라는 연결 주소를 등록하면 블로그에 새 글을 작성할 때마다 메타블로그에 새 글 목록으로 추가되는 형태로, 특정 블로그를 알지 못해도 여러 블로그의 글을 한곳에서 볼 수 있습니다.

우리나라에 대표적인 메타블로그로는 다음 뷰와 믹시라는 곳이며 그 밖에 중소 메타블로그들이 수백여 개 있습니다. 예를 들어 블로그코리아, 위드블로그 등입니다. 기업뿐만 아니라 개인이 만들 수도 있기 때문에 상당히 많은 메타블로그가 현재 운영되고 있습니다.

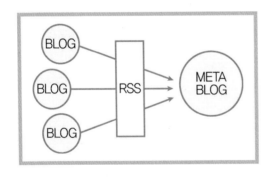

국내의 메타블로그들을 나열하자면 다음과 같습니다. 이러한 서비스는 나타났다 사라지는 주기가 짧은 편이므로 참고만 해주세요.

- 다음 뷰: www.daum.net
- 믹시: www.mixsh.com
- 블로그코리아: www.blogkorea.net
- 위드블로그: withblog.net
- 레뷰: www.revu.co.kr
- 블로그라떼: www.bloglatte.net
- 블로그 와이드: www.blogwide.kr
- 풀로그: plog.jinbo.net/beta
- 콜콜넷: www.colcol.net
- 블로그나와: www.blognawa.com
- 블로그플러스: blogplus.joins.com
- 프레스블로그: www.pressblog.co.kr
- 생활정치연구소 메타블로그: www.lifepolitics.net
- 투데이10: www.today10.com
- 그들만의 로그스토리: www.logstory.net

메타블로그는 블로그들을 모아놓은 포털사이트라고 생각하면 됩니다. 여러 블로거가 등록한 내용을 일반 누리꾼에게 배포하는 역할을 합니다. 주제별로 특화된 메타블로그들도 있는데, 그 목록은 다음과 같습니다.

- 풀뿌리 메타블로그: www.grasslog.net (풀뿌리시민운동)
- 여성주의 메타블로그 창고: blog.ildaro.com (여성)
- 실버클럽: www.silverclub.kr/bloglounge (실버세대)
- 티블로그: heoju.new21.org (초등학교 교사)

반드시 메타블로그에 가입을 해야 하는 것은 아니지만 최소한 다음 뷰와 믹시는 가입하기 바랍니다. 참고로 저는 가능한 곳은 모두 가입을 합니다. 방문자가 어떤 메타블로그에서 제 글을 발견할 수 있을지 모르기 때문입니다. 메타블로그는 공짜로 블로그를 광고하는 것과 같습니다.

가장 널리 알려진 다음 뷰와 믹시에 발행하는 방법을 살펴보겠습니다. 먼저 다음 뷰는 일단 다음에 가입하시면 티스토리 내에서 쉽게 가입을 할 수 있습니다. 먼저 플러그인 설정에서 다음 뷰 플러그인을 사용하도록 설정해야 합니다.

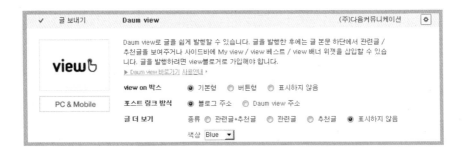

만약 다음 뷰에 가입이 안 되어 있다면 다음 뷰 페이지v.daum.net에서 가입하면 됩니다.

그다음 실제로 포스트를 쓸 때 우측 상단 기본설정에서 '발행'을 고르고 다음 뷰 분류를 선택하면 됩니다.

믹시는 믹시 사이트www.mixsh.com에 가서 직접 가입하고, 자신의 블로그를 연동해야 합니다. 이때 자신의 블로그임을 인증하는 과정을 거칩니다.

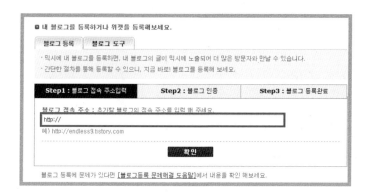

회원가입 자체는 쉽습니다. 단, 블로그를 믹시와 연동하기 위해서는 믹시에서 주는 코드를 자신의 블로그 글에 삽입해야 합니다. 다음 뷰에 비해 약간 까다로운 절차를 거치게 됩니다. 다음과 같은 순서로 인증 과정을 거쳐야 합니다.

❶ 믹시 회원가입
❷ 자신의 블로그 입력
❸ 인증키 받기
❹ 받은 인증키를 복사하여 자신의 블로그에 삽입 및 발행('공개'가 아닌 '발행')
❺ 인증 마치기(등록됨)

그다음 다음 뷰와 마찬가지로, 티스토리 플러그인 설정에서 믹시 플러그인을 사용하도록 설정합니다. 이렇게 하고 포스트를 쓸 때 우측 상단 기본설정에서 '발행'을 고르면 됩니다.

이러한 절차를 거치면 메타블로그를 통해 방문객들이 자신의 블로그로 유입되는 것을 '플러그인〉 − 유입 경로' 메뉴를 통해볼 수 있을 것입니다. 이러한 유입 경로를 확인하려면 미리 플러그인 설정에서 '유입 경로' 플러그인을 사용하도록 설정해야 합니다.

이제부터는 글을 쓸 때마다 확실히 발행을 해야 하고 특히 다음 뷰 같은 경우는 발행과 동시에 해당하는 메뉴를 잘 선택하셔서 그 분야에 관심 있는 사람들이 많이 볼 수 있도록 배려해야 합니다.

그것이 바로 방문객을 늘리는 첫걸음입니다.

포털사이트에 대해서

포털사이트에 등록해야 하는 이유

콘텐츠가 어느 정도 안정되었고, 일일 방문객이 100명이 꾸준히 넘는다면 이제 검색엔진에 블로그를 등록해줍니다. 블로그를 반드시 등록해야 하는 검색엔진은 다음과 같습니다.

- 네이버
- 네이트
- 다음
- 구글
- 빙(야후)

예전에는 파란이나 드림위버 및 기타 다양한 포털사이트가 많이 존재하였지만 지금은 상당히 줄어들었습니다. 포털사이트가 더욱 대형화되면서 도태된 포털사이트들은 자연스럽게 사라지게 된 것입니다. 세계에서 최고의 위용을 자랑하던 야후 역시 한국에서는 자리를 제대로 잡지도 못하고 물러나고 말았으니 말이죠. 앞으로 블로그를 운영하면 대부분의 사람들이 위의 5개 포털사이트에서 유입이 될 것입니다. 주소를 직접 치거나 즐겨찾기로 들어오는 방문객은 극소수라고 보면 되겠습니다. 물론 다음 뷰 같은 메타블로그에서도 상당히 많이 유입될 것입니다.

일단 네이버 등록을 살펴보면, 일반적으로 사람들이 가장 많이 사용하는 포털사이트인 만큼 경쟁이 치열합니다. 네이버의 실시간 검색어에 내가 쓴글이 1~5위 사이에 있다면, 그날은 수천, 수만 명이 그 글 하나로만 들어오게 됩니다. 일명 노다지죠. 하지만 순식간에 많은 사람들이 동일한 주제로 글을 쓰기 때문에 그다음 날에는 순위에서 밀려나는 경우가 허다합니다.

네이트나 다음은 네이버에 비해 그 영향이 적습니다. 또한 검색어를 제한하고 관리하는 팀이 있기에 어느 정도 수위 이상의 자극적인 글은 잘 노출되지 않습니다.

반면 구글이나 빙은 상대적으로 조금 관대합니다. 따라서 조금 자극적이어도 노출이 잘되며, 봇이라고 불리는 검색엔진이 제목과 내용, 태그 위주로만 검색하기 때문에 상대적으로 다양한 내용을 적어도 무방합니다. 또한 포스팅을 따로 관리하는 인력도 적어 적극적으로 글을 써도 됩니다. 다만 이렇게 적극적으로 글을 써도 된다고 하여 수위가 높은 글만 계속 쓰면 나중에 애드센스를 못 달거나 달더라도 후에 제재가 걸려 계정 및 블로그가 폐쇄되는 상황이 발생하게 됩니다. 이 점에 주의해야 합니다.

검색엔진은 안 해도 좋은 것이 아니라, 돈을 벌기 위한 목표로 블로그를 만들었다면 반드시 가입해야 하는 필수불가결한 요소입니다. 내 블로그를 공짜로 홍보할 수 있고, 내 블로그에 방문객들이 들어오는 고속도로를 만들어주는 검색엔진! 잊지 말고 꼭 가입하기 바랍니다.

포털사이트 가입 방법

블로그 홍보를 위해서는 포털사이트 가입이 필수!

어느덧 티스토리 블로그를 개설했고, 메타블로그에도 가입을 마쳤습니다. 어엿한 하나의 블로그를 만들었다는 이야기죠. 그래서 이제는 블로그를 조금 더 여러 사람에게 소개를 해야 한다고 생각합니다. 여러 사람에게 알리기 위해서는 여러 사람이 모이는 곳에 내 블로그가 있어야겠죠? 그래서 바로 가입해야 하는 곳이 네이버, 네이트, 다음, 구글, 빙 등의 대형 포털사이트입니다.

이들 포털이나 검색엔진의 사이트 등록 페이지는 다음과 같습니다. 직접 방문하여 해당 포털사이트에 자신의 블로그를 등록해보세요.

- 네이버 검색등록: submit.naver.com
- 네이트 홈페이지 등록: add.nate.com
- 다음 검색등록: register.search.daum.net/index.daum
- 구글 웹마스터 도구: www.google.com/webmasters
- 빙 사이트 제출: www.bing.com/toolbox/submit - site - url

구글은 구글 웹마스터에 반드시 가입을 해야 하고, 빙 또한 웹마스터 도구 가입을 추천합니다. 한마디로 회원가입을 하는 것과 비슷한데요. 웹마스터 도구에 가입하면 블로그를 등록하는 것은 물론 추후 트래픽이나 유입 경로 등도 살펴볼 수 있습니다.

네이버, 네이트, 다음과 같은 경우는 약간 까다롭습니다. 자신의 사이트를 등록 신청한 다음 신청 결과를 기다려야 하는데 그 기간이 짧게는 1~2일, 길게는 1주일에서 한 달 가까이 걸리기도 합니다. 따라서 상당한 인내심이 요구됩니다. 반면에 구글과 빙은 웹마스터에 가입만 하면 거의 100% 자동으로 등록됩니다.

그렇다고 해서 귀찮다고 안 하느냐, 그러면 안 됩니다. 반드시 해야 합니다.

특히 생소할 수도 있는 빙은 성인물을 그렇게 잘 찾아준다고 해서 세상에 나오자마자 오명을 뒤집어쓴 검색엔진입니다. 그 오명 덕분에(?) 최단 시간에 빙이라는 검색엔진의 출현을 알리는 데에는 성공했죠. 빙이 현재 보여주는 검색 능력이나 제작사가 마이크로소프트라는 점을 생각한다면 잠깐 얼굴만 보이고 사라질 가능성은 없어 보입니다. 따라서 블로그를 새로 만들었다면 반드시 빙에도 등록할 것을 추천합니다.

블로그나 홈페이지를 개설하면 이처럼 검색엔진에 등록해야 인터넷에 존재를 알릴 수가 있습니다. 블로그는 검색엔진에 등록하지 않고도 블로그 글을 수집하는 메타블로그만으로도 어느 정도 홍보가 가능했지만, 이 또한 하루에 생산되는 글의 수가 너무 많아지면서 큰 효과를 기대하기 어렵게 되었습니다.

다행히 요즘은 검색엔진들이 블로그의 데이터도 검색하여 인터넷에 올려주고 있습니다. 또한 블로그 주소를 무료로 포털사이트에 등록해주고 있습니다. 가능한 모든 사이트에 내 블로그를 등록하는 것이 힘들여 쓴 글을 알리고 방문자 수도 늘리는 방법입니다.

블로그 등록 신청과 관련하여 잠시 구글의 웹사이트 크롤링에 대해 살펴보겠습니다. 블로그를 만들어 글을 어느 정도 발행하면 대부분 자동으로 구글 검색엔진에 내 블로그 주소가 추가됩니다. 그래도 혹시 모르니 확인을 해봅시다. 한번 구글에 블로그 등록을 해보죠!

❶ 구글 웹마스터 도구 페이지로 이동합니다. 회원가입을 해주시고 로그인하기 바랍니다. 이미 구글에 가입한 분들은 바로 로그인을 해주세요.

❷ 사이트를 추가하기 위해 우측 상단의 [사이트 추가] 버튼을 누릅니다.

❸ [사이트 추가] 버튼을 누르면 '관리하려는 사이트의 URL을 입력하세요'라는 메시지와 함께 URL을 입력할 칸이 나타납니다. 주소를 입력하세요.

❹ [계속] 버튼을 눌러주시기 바랍니다.

❺ 새로운 화면이 나오면서 구글은 [권장 방법]과 [대체 방법] 버튼을 제시합니다. [권장 방법] 은 HTML파일 업로드이며, [대체 방법]은 'HTML 태그', 'Google 웹로그 분석', '도메인 이 름 공급업체' 중 하나를 선택하는 시스템으로 되어 있습니다. [대체 방법]을 클릭합니다.

❻ 티스토리 블로그를 등록시키기 위해서는 'HTML 태그'를 체크해주시기 바랍니다.

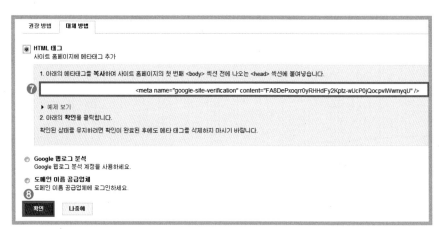

❼ 'HTML 태그'를 클릭하면 '사이트 홈페이지에 메타태그 추가'라는 메시지와 함께 '메타태그' 라는 것이 나타납니다. 이 <meta name="google……">로 시작되는 태그를 복사해 블로 그에 붙이시기 바랍니다.

❽ 블로그에 붙이신 후 [확인]을 클릭합니다.

블로그에 붙이는 방법은 다음과 같습니다.

❶ 자신의 티스토리 블로그에 로그인
❷ 관리자 모드 들어가기
❸ '꾸미기>HTML/CSS 편집' 클릭
❹ skin.html 파일 편집창에서 <head>와 </head> 사이에 메타태그 붙여넣기
❺ 하단의 [저장] 버튼 누르기

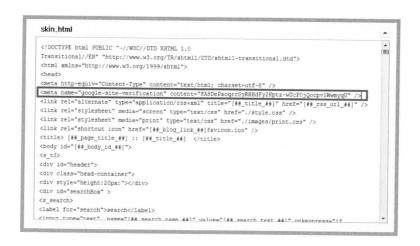

```
skin.html

<!DOCTYPE html PUBLIC "-//W3C//DTD XHTML 1.0
Transitional//EN" "http://www.w3.org/TR/xhtml1/DTD/xhtml1-transitional.dtd">
<html xmlns="http://www.w3.org/1999/xhtml">
<head>
<meta http-equiv="Content-Type" content="text/html; charset=utf-8" />
<meta name="google-site-verification" content="FA8DeFxoqrr0yRHHdFy2Kptz-wUcP0jQocpv1WwmyqU" />
<link rel="alternate" type="application/rss+xml" title="[##_title_##]" href="[##_rss_url_##]" />
<link rel="stylesheet" media="screen" type="text/css" href="./style.css" />
<link rel="stylesheet" media="print" type="text/css" href="./images/print.css" />
<link rel="shortcut icon" href="[##_blog_link_##]favicon.ico" />
<title> [##_page_title_##] :: [##_title_##] </title>
<body id="[##_body_id_##]">
<s_t3>
<div id="header">
<div class="head-container">
<div style="height:20px;"></div>
<div id="searchBox" >
<s_search>
<label for="search">search</label>
<input type="text" name="[##_search_name_##]" value="[##_search_text_##]" onkeypress="if
```

이렇게 하면 성공적으로 구글 웹마스터 도구에 자신의 블로그를 등록 요청한 것입니다. 요청이 성공적으로 접수되었으므로 구글 웹마스터 도구에서는 블로그가 등록되었다는 메시지를 여러분에게 보여줄 것입니다. 구글 웹마스터 도구에 등록되면 즉시 블로그의 글들이 구글에서 수집됩니다. 다만 반영에는 조금 시간이 걸립니다.

네이버와 네이트, 그리고 다음도 방법은 거의 동일합니다. 네이버를 보겠습니다.

❶ 로그인 후, '검색등록 홈'에서 [신규 등록] 버튼을 눌러주세요.

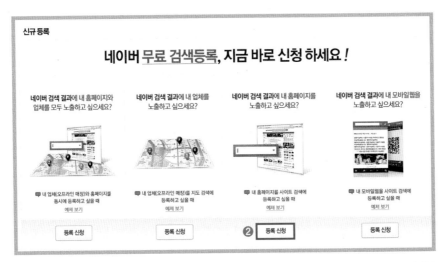

❷ 그다음 화면에서 세 번째인 '네이버 검색 결과에 내 홈페이지를 노출하고 싶으세요?'의 [등록 신청] 버튼을 클릭합니다.

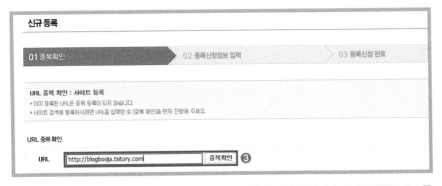

❸ 그러면 자신의 블로그 주소를 입력하여 등록 상태를 확인하게 됩니다. 우선 블로그 주소를 입력해주세요. 그리고 [중복확인] 버튼을 눌러 해당 URL이 등록 신청이 가능한 주소인지 아니면 기존에 등록이 되어 있는 주소인지 확인합니다.

④ 저의 블로그 주소는 등록 신청이 가능한 URL입니다. 당연히 신규이니 등록이 되어 있지 않 겠죠? 이제 과감하게 하단의 [신규 등록 신청] 버튼을 눌러줍니다.

⑤ 다음으로 '사이트명', '분류(업종)', '소개문구' 등을 적으시기 바랍니다. 내용은 그림 내용 정 도로 입력해줍니다. 자동으로 URL이 입력이 됩니다. 사이트명은 멋들어지게 하나 만들어 주세요. 분류(업종)은 자신의 주제에 맞는 것을 잘 찾으면 됩니다. 소개문구는 하나만 작성 후 내용을 복사하여 네이트, 네이버, 다음에도 붙여서 사용하세요. 저 같은 경우 소개문구 는 '블로그, 메타블로그, 투잡, 야구, 블로그 관리방법' 정도로 간단히 하였습니다.

⑥ 등록자의 이름과 함께 완료 메시지가 나옵니다. 네이트, 다음 모두 등록 방법은 동일합니다.

블로그는 반드시 포털사이트에 등록을 해주셔야 합니다. 티스토리 블로그와 같은 경우는 국내 최대 포털사이트인 네이버의 상단에 올라가기 힘들기 때문에 더더욱 노력하셔야 좋은 성과가 있습니다. 다음이나 네이트, 구글 같은 경우는 특별한 차별이 없는 것 같습니다.

앞으로 글을 쓸 때에는 제목, 내용 그리고 태그에 신경을 써서 포털사이트 상단에 자신의 글이 쭉쭉 올라가도록 해봅시다.

메타블로그의 중요성

메타블로그에 반드시 가입해야 할까?

구글 애드센스에 가입하기 전에 먼저 자신의 블로그가 포털사이트에 가입되어 있는지 확인해보겠습니다.

포털사이트인 다음에 등록을 신청하여 처리된 결과입니다. 다음은 신청 후 이틀 만에 처리가 되었고, 구글과 빙 사이트는 신청 후 다음 날에 적용이 되었습니다. 반면 네이트와 네이버는 일주일 만에 등록 완료 처리가 되었습니다.

일반적으로 구글과 빙과 같은 사이트는 등록까지 1~2일 정도 시간이 소요되며, 네이버, 네이트, 다음과 같은 국내 포털사이트는 4~7일 정도의 시간이 소요됩니다. 블로그의 포스팅 주제가 한 가지 또는 두 가지로 일정하고 포스트 개수가 20개 정도 되며 그 내용이 충실하다면, 등록 시간은 더 짧아질 수 있습니다.

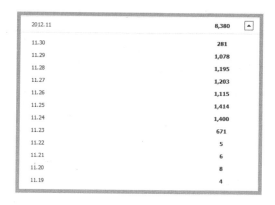

일단 제 '블로그로 부자되기' 사이트는 저 자신도 깜짝 놀랄 정도로 어마어마한 방문객이 방문했습니다. '나는 고객이다' 블로그가 일일 평균 3500명 정도 방문하였는데, 이 신규 블로그는 개설한 지 5일 만에 671명, 6일째 되는 날부터는 하루에 1400명에 육박하는 방문객이 와주셨습니다.

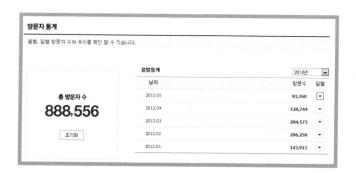

2012년 11월 19일에 시작한 이 블로그는 2013년 5월 13일에는 방문객 80만 명을 넘겼습니다.

다시 돌아가서, 1주일 동안의 방문 경로를 살펴보겠습니다.

유입순위	
유입경로	유입수
1 www.blogkorea.net	270
2 www.tistory.com	107
3 search.daum.net	65
4 v.daum.net	31
5 nacustomer.tistory.co..	16
6 search.nate.com	15
7 m.view.daum.net	4
8 mixsh.com	3
9 tistory.com	1
10 m.v.daum.net	1
11 www.blognawa.com	1
12 www.google.co.kr	1
13 m.search.daum.net	1

www.blogkorea.net가 압도적으로 많았습니다. 그 뒤를 잇는 것이 바로 www.tistory.com입니다. 티스토리 메인 또는 사람들이 티스토리에서 검색해서 저의 블로그에 방문해주신 것 같습니다. 3위는 놀랍게도 다음 검색을 통해서 들어왔습니다. 4위는 v.daum.net, 메타블로그 다음 뷰 사이트입니다. 5위는 저의 메인블로그인 '나는 고객이다'에서 타고 들어오신 분들이며, 6위는 네이트 검색입니다.

유입순위	
유입경로	유입수
1 www.google.co.kr	377,393
2 www.google.com	115,637
3 search.daum.net	72,188
4 m.search.daum.net	44,143
5 v.daum.net	20,960
6 m.search.nate.com	8,233
7 inside.mixsh.com	7,259
8 search.nate.com	6,779
9 srv.kwzf.net	5,316
10 m.cafe.daum.net	3,355
11 undercopy.tistory.com	3,263
12 forwhile.tistory.com	2,507
13 www.google.co.jp	2,381
14 www.google.ca	1,798
15 bing.search.daum.net	1,782
16 www.tistory.com	1,645
17 msll.tistory.com	1,392

5개월 후 방문 경로를 살펴보았습니다. 구글(한국 및 미국)을 통해 들어오신 분들이 압도적으로 많았습니다. 그 뒤를 잇는 것이 바로 다음 검색, 모바일 다음, 다음 뷰입니다. 티스토리와 다음은 떼려야 뗄 수 없는 관계라고 말할 수 있겠습니다. 6위부터는 믹시, 네이트, 다음 카페 등 다양한 사이트에서 들어왔습니다.

특이한 점은 일본 구글과 캐나다 구글입니다. 제 포스팅 내용이 세계 여러 나라 사람들에게 관심이 있었나 봅니다. 아마 구글 번역기를 달았던 것이 큰 도움이 된 것 같습니다. 구글 번역기에 대해서는 차후에 다시 설명하겠습니다.

이와 같이 블로그 초기에는 방문객 중 대다수가 메타블로그에서 유입되는 것을 볼 수 있습니다. 초기에는 포털사이트나 검색엔진에서 블로그가 제대로 검색되지 않기 때문입니다. 따라서 초기에 메타블로그에 반드시 가입해야만 합니다. 앞에서도 보았듯 메타블로그란 블로거가 등록을 하여 방문객에게 배포하는 과정을 수행합니다. 초기에는 사람들의 이목을 순간적으로 끌 수 있는 메타블로그의 효과가 큽니다.

의사소통을 활발히 하자

■ 내 블로그는 수익형 블로그에 적합한가?

자신의 블로그가 수익형 블로그에 적합한지 생각해보셨나요? 혹시 자신이 좋아하는 주제를 가지고 글을 적는 낙서장이나 다이어리 같은 블로그이지는 않나요?

현재 인터넷상에서는 많은 사람들이 블로그를 운영합니다. 각자 목적은 다르지만 저 같은 경우는 블로그를 통해 세상의 돌아가는 현상을 타인에게 알려주고 방문객의 활발한 활동을 통해서 일정 수준 이상의 수익을 얻으려는 목적을 가지고 있습니다. 따라서 제 블로그는 사람들이 좋아하는 주제를 다룹니다. 스포츠, 연예인 그리고 블로그로 돈 버는 방법에 대해서 이야기를 하고 있습니다. 블로그는 내 이야기를 적는 칠판과도 같습니다. 언제든지 글을 적고 지울 수 있으니까요.

하지만 칠판과 다른 점도 있습니다. 바로 댓글 시스템입니다. 타인이 나의 글을 읽고 그 글에 대한 자신의 의견을 남기고 생각을 주장하는 공간이 존재하는 것입니다. 언뜻 보면 블로그는 정보의 전달을 하는 신문이나 뉴스와도 같은 공간이라 생각하기 쉽지만 자세히 보면 블로그는 상호 의사소통하는 SNS와도 비슷한 공간입니다.

따라서 많은 방문객들을 꾸준히 끌어들이기 위해서는 의사소통이 활발해야 합니다. 구글 애드센스로 꾸준히 방문객을 유지하기 위한 그 첫 번째가 바로 방문객과의 의사소통입니다. 흔히들 '블로그 매너'라고 합니다.

내 블로그에 방문한 방문객의 글에 리플, 즉 답글을 달고, 또 그 방문객의 블로그에 찾아가 글을 남겨주는 행동을 말합니다. 이러한 행동이 반복되면 하나의 포스트에 수십 개에서 100여 개에 가까운 리플들이 달리기도 합니다. 물론 나 역시 그들의 블로그에 하나하나 찾아가 리플을 달아주어야 하는 수고로움이 있지만 이런 행동을 통해서 블로그의 질을 높일 수 있습니다.

블로그의 질을 높인다는 것은 내 블로그에 다음과 같은 장점을 가져올 수 있습니다.

❶ 블로그 포스팅 시 포털사이트의 상위권에 랭크될 확률이 높다.
❷ 고정 방문객의 증가로 일일 최소 방문객 숫자가 늘어난다.
❸ 방문객 숫자 증대는 곧 광고 수익 증가로 이어진다.
❹ 많은 방문객의 리플은 곧 그 블로그의 신뢰성 상승으로 이어진다.
❺ 고급 블로그라는 이미지를 바탕으로 제휴 광고 신청이 늘어난다.

2번부터 5번까지는 읽어보시면 이해가 가시겠지만 1번 같은 경우는 쉽게 이해하기 어려울 것입니다. 블로그의 질이 높다고 해서 포스팅을 할 경우 포털사이트의 상위권에 랭크될 확률이 높을까요? 한마디로 그렇다고 말할 수 있습니다.

다음, 네이버, 네이트, 특히 네이버와 같은 경우는 블로그의 활발한 의사소통에 높은 점수를 주고 있습니다. 같은 내용이라면 티스토리 블로그보다는 네이버 블로그를 높게 쳐주지만, 어느 정도 비슷한 수준의 글이라면 댓글이 없는 블로그보다는 댓글이 활발한 블로그의 포스트를 사람들이 검색할 때에 훨씬 상단에 보여주는 것입니다. '네이버의 입장에서 이 블로그는 신뢰성이 높은 블로그입니다'라는 것을 네이버 검색엔진을 이용하는 여러 이용자들에게 알려주는 행동인 것이죠.

따라서 블로그를 운영할 때에는 포스트에도 많은 신경을 써야 하겠지만, 찾아오는 방문객의 댓글에도 상당히 신경을 써야 합니다. 답글뿐만 아니라 찾아가서 상대방의 블로그에도 댓글을 남겨주는 센스! 블로그를 운영하시면서 잊지 말아야 할, 아니 반드시 실천에 옮겨야 할 행동입니다.

티스토리와 다른 포털사이트의 블로그 비교

📖 티스토리를 고집할 수밖에 없는 이유

티스토리는 잘 아시다시피 설치형 블로그와 비슷한 성격의 블로그입니다. 자신이 원하는 대로 블로그의 형태나 광고의 배치 및 전체적인 테마를 변경시킬 수 있습니다. 네이버, 다음 블로그에 비해 훨씬 다채롭고 자유롭게 블로그를 꾸밀 수 있다는 것입니다.

반대로 네이버, 다음 블로그와 같은 블로그는 처음 정해진 형태에서 크게 벗어나지 못한 형태를 지니고 있습니다. 그렇기 때문에 광고도 자유롭게 달 수 없으며, 자신이 원하는 형태의 블로그를 꾸미려고 해도 많은 제약 조건이 붙습니다. 이러한 점 때문에 광고를 통해 수익을 얻으려는 분들은 대부분 티스토리 블로그를 선택합니다.

간단히 비교했을 때, 일반 포털사이트에서 서비스하고 있는 블로그에 비해 티스토리 블로그의 장점은 다음과 같습니다.

첫째, 자유롭다는 것입니다. 표현의 제한이 적어 자신의 의도대로 표현 가능합니다. 네이버 블로그의 경우 한정된 틀 안에서 스킨 변경이 가능하지만 티스토리 블로그의 경우 자신이 원하는 스타일로 거의 변경할 수 있기 때문에 경우에 따라서 정말 독창적이고 이쁜 블로그를 꾸밀 수 있습니다.

둘째, 다양한 광고 표현이 가능합니다. 포털사이트의 블로그와는 달리 HTML과 CSS소스를 이용할 수 있습니다.

셋째, 다음에서 검색 시 우선 검색됩니다. 국내 대형 포털사이트인 다음에 가입을 하게 되면 타 블로그들에 비해서 우선적으로 검색되는 영광(?)을 누릴 수 있습니다.

넷째, SNS와의 연계성이 우수합니다. 티스토리 블로그는 네이버 블로그에 비해서 페이스북, 트위터 등의 SNS들과 연계성이 우수합니다.

다섯째, 많은 태그를 사용할 수 있습니다. 네이버 블로그 같은 경우는 태그의 숫자를 10개로 제한해놓았습니다. 그만큼 내용과 제목에 신경을 써야 하는 것입니다. 하지만 티스토리 블로그는 태그의 제한이 없습니다. 자신이 쓰고 싶은 글의 핵심 단어들을 얼마든지 태그로 만들어 방문객들이 검색할 때 쉽게 자신의 블로그가 검색되도록 할 수 있습니다.

물론 이런 티스토리 블로그에도 단점이 있습니다.

첫째, 초대장 없이는 가입이 불가한 폐쇄형 서비스입니다. 초대장을 가지고 있지 않다면 인터넷 상의 모르는 사람에게 초대장을 받기 위해 노력해야 합니다.

둘째, HTML 및 CSS를 다루지 못하는 사람들에게는 어렵습니다. 티스토리는 엄청난 자유도를 자랑하는 블로그지만 반대로 그러한 자유도를 누릴 수 있는 지식을 가지고 있어야 합니다. 내가 원하는 형식의 블로그를 만들기 위해서는 하나하나 직접 코드를 고쳐야 하기 때문입니다.

셋째, 최고의 포털사이트인 네이버 검색엔진에서 높은 점수를 얻기 어렵습니다. 질 높은 글을 쓰고 많은 방문객이 들어오는 블로그라 하더라도 네이버에서 검색 시 상위권에 들기에는 조금 어렵습니다. 현재 국내 포털사이트 1등 업체가 네이버이기 때문에 우위를 점하기 위해 어쩔 수 없이 네이버 블로그를 선택하는 사람들이 있을 정도입니다. 티스토리는 100명 중 70명이 사용하는 네이버 검색에서 손해를 보는 시스템의 희생자라 말할 수 있습니다.

넷째, 티스토리에 올린 사진, 동영상은 네이버에서 검색할 수 없습니다. 티스토리 블로그의 가장 큰 단점이 아닐까요? 국내 검색 시장의 70% 정도를 차지하고 있는 네이버 검색에서 글만 검색될 뿐이며, 이는 그만큼의 검색 가능성을 잃어버리고 시작하는 것과 마찬가지입니다.

다섯째, 스크랩 시스템의 부재입니다. 이것은 네이버 블로그의 가장 큰 장점이었습니다. 단 하나의 버튼을 클릭하면 그 글을 통째로 자신의 블로그에 넣을 수 있었으니까요. 이 시스템이 티스토리에는 없습니다.

솔직히 구글 애드센스 수익이 아닌 CPA 광고나 기타 다른 방식의 제품 판매나 광고를 위해 방문 유입을 늘리기 위해서는 티스토리 블로그가 아닌 네이버 블로그를 해야 한다고 생각합니다. 하지만 그런 경우조차 시도 때도 없이 변화하는 네이버 정책에 이리저리 휘둘리느니, 안정적이고 다른 장점도 많은 티스토리 블로그를 선택하는 것이 좋은 선택이라고 생각합니다.

02

구글 계정과 티스토리 연동 방법

구글 애드센스 계정 만들기

⋮

광고를 어디에 달까?

⋮

왜 구글 광고인가?

구글 애드센스 가입 조건

구글 애드센스 가입하기가 뭐가 이렇게 어려워?

구글 애드센스를 알기 위해서는 구글에 대해 알아야 합니다. 구글이라는 기업은 어떤 기업일까요?

구글이라는 기업은 결코 고객 친화적인 기업이 아닙니다! 전화 문의나 대답을 받으려는 생각을 버려야 합니다. 고객이 접근할 수 있는 최선의 방법은 오직 이메일뿐입니다. 질문도 답변도 이메일을 통해서만 전달됩니다. 문제가 생겨도 처리가 즉각적으로 이루어지지 않습니다.

이 부분이 구글 애드센스의 최대의 단점입니다. 구글은 오랫동안 이러한 지적을 받아왔기 때문에 이메일과 인터넷을 통해 더 고객에게 가깝게 다가가려는 노력을 하고 있습니다. 과거 3~7일 정도 소요된 답변 시간도 최근에는 반나절에서 이틀 이내로 해주는 편입니다.

이런 구글이다 보니 광고를 블로그에 적용시키기 위해서는 구글이 정해놓은 룰을 엄격히 지켜야 합니다. 만약 그 룰을 어길 경우 구글은 일방적으로 광고를 해지할 수도 있습니다. 만약 광고를 달았는데 갑자기 광고가 나오지 않는다면, 구글이 정해놓은 룰을 어기셨을 확률이 높습니다.

이제 구글 애드센스에 가입을 해봅시다. 구글 애드센스는 구글과 동일한 아이디와 비밀번호를 사용하여 로그인합니다. 먼저 구글로 들어갑니다. 다른 포털사이트에 비해 검색 지향적인 구글은 정말 깔끔한 화면을 보여줍니다. 구글 검색창에 '애드센스'라는 단어를 검색하면 구글 애드센스 페이지로 들어가실 수 있습니다. 직접 들어갈 수 있는 주소는 www.google.co.kr/adsense 입니다.

　구글은 다른 사이트에 비해 조금 까다롭습니다. 반드시 이메일 주소를 가지고 있어야 하며, 그 이메일 주소가 자신의 애드센스 아이디가 됩니다. 또한 그 이메일로 인증 확인 글이나 다양한 구글 애드센스 관련 소식이 날아오기 때문에 자신이 가장 자주 쓰는 이메일 주소를 사용하기 바랍니다. 이메일 주소가 따로 없다면 구글 이메일인 지메일Gmail에 가입하는 것도 추천합니다. 물론 그때는 자신의 아이디가 지메일 주소가 되겠죠?

가입 조건이 나옵니다. 그림과 같이 구글 애드센스에 가입할 수 있는 조건
은 3가지입니다. 한마디로 구글에 가입해야 하고, 수익을 창출할 블로그가
있어야 하며, 집 주소가 있어야 한다는 것입니다. 여기서 가장 중요한 것은
18세 이상인 성인만이 가입 대상이라는 점입니다.

구글 애드센스는 가입한다고 해서 바로 승낙해주지도 않을뿐더러, 승낙해
준다고 하더라도 광고를 다는 방법이 조금 까다롭습니다. 하지만 한번 광고
를 달아놓으면 아마 이렇게 편한 것도 없을 것입니다.

구글 애드센스 가입하기

구글 애드센스 가입 방법 깊숙이 들어가기

앞에서 본 구글 애드센스 로그인 화면으로 돌아가봅시다.

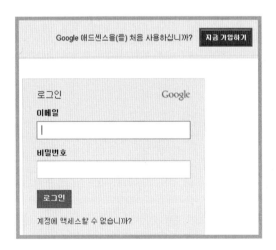

구글 애드센스 페이지 우측 상단에 있는 [지금 가입하기] 버튼을 클릭하세
요. 다음 설명에서는 구글 계정이 없다는 가정하에서 시작하겠습니다. 애드
센스 가입 3단계 절차 중 '1. Google 계정 선택'에 해당됩니다.

기존 Google 계정을 이용하여 애드센스에 로그인하시겠습니까?
기존 Google 계정으로 애드센스를 사용해도 해당 계정과 연결된 다른 Google 서비스(예: Gmail, 애드워즈, orkut)에는 영향을 주지 않습니다.
애드센스 로그인 정보는 나중에 변경할 수 없으므로 신중하게 선택하세요.

예, Google 계정 로그인 단계로 넘어가겠습니다.   아니요, 새 Google 계정을 만들겠습니다.

[지금 가입하기] 버튼을 누르면 앞에서 본 애드센스가입 화면이 나옵니다. 선택할 수 있는 버튼이 두 개입니다. 구글 계정이 있으신 분은 왼쪽의 [예, Google 계정 로그인 단계로 넘어가겠습니다] 버튼을, 구글 계정이 없으신 분은 오른쪽의 [아니요, 새 Google 계정을 만들겠습니다] 버튼을 클릭해주세요. 여기에서는 구글 계정이 없으신 분들을 기준으로 설명하므로 계정을 새롭게 만들어보겠습니다.

구글 애드센스가입은 간단합니다. 많은 내용을 요구하지 않습니다. 가입에 필요한 정보는 다음과 같습니다.

❶ 이름 및 자신이 따로 사용하는 이메일 주소
❷ 비밀번호(8자리 이상)
❸ 생년월일과 휴대폰 번호
❹ 자동 가입 방지 문자

'기본 홈페이지'는 꼭 선택할 필요는 없습니다. 자동 가입 방지 문자를 입력하기 힘든 경우는 핸드폰 인증을 받을 수도 있습니다. 다음으로 넘어가려면 'Google 서비스 약관과 개인정보취급방침에 동의합니다'에 체크하고 [다음 단계]를 누릅니다.

이제 자신이 입력한 이메일로 확인 메일을 보냈다고 나옵니다. 들어가서 구글 계정에 가입되었다는 메시지를 확인해야 합니다. 메일을 확인해봅시다. 아마 구글에서 한 통의 메일이 들어왔을 것입니다.

'Google 이메일 확인'이라는 메일이 도착했습니다. 클릭해서 확인해보죠.

문서제목	Google 이메일 확인

Google 계정에 오신 것을 환영합니다. 계정을 활성화하고 이메일 주소를
확인하려면
다음 링크를 클릭하세요:

https://accounts.google.com/VEH?c=CPy31qLKs8GmIhD-xarThfv6vOMB&hl=ko&service=adsense

참고 이 페이지를 인쇄하여 보관하세요.
계정에 액세스할 수 없게 되면(예: 사용자 이름 또는 비밀번호를 잊은 경우)
확인 링크가 필요합니다.

이 메일을 잘못 받으셨다면
다른 사용자가 다른 이메일 주소에 대한 계정을 만드는 중에
이 이메일 주소를 입력했을 가능성이 있습니다.
확인 링크를 클릭하지 않으면 계정은 활성화되지 않습니다.

이 이메일을 요청하지 않았지만 계정을 사용하거나 삭제하기로 결정한 경우에는
먼저 https://accounts.google.com/RecoverAccount에서 이메일 주소를 입력하며
계정 비밀번호를 재설정해야 합니다.

위의 링크를 클릭해도 연결되지 않으면, URL을 복사한 다음
새 브라우저 창에 붙여넣으세요.

감사합니다.
Google 계정 팀

참고:본 이메일은 발신 전용 메일입니다. 문제를 해결하거나 계정에 대해 자세히
알아보려면 다음 Google 도움말 센터를 방문하세요.
http://www.google.com/support/accounts/

구글에서 그림과 같은 내용의 이메일이 왔습니다. 구글 계정을 활성화하기 위해서는 메일에 포함된 링크를 클릭해야 합니다. 클릭하면 구글에 가입이 되었다는 메시지의 페이지가 나옵니다.

축하드립니다! 이제 당신은 이제 구글에 가입되었습니다. 그림의 메시지
가 나왔다면 이제 당신도 '구글 마니아'의 입문 과정에 들어섰습니다. 화면의
[Google 애드센스(으)로 돌아가기] 버튼을 클릭합시다.

애드센스 가입 절차 중 '2. 콘텐츠 설명' 단계로 넘어왔습니다. 여기에서는
자신의 블로그 주소를 넣고 콘텐츠 언어를 선택합니다.

먼저 블로그 주소를 적습니다. 자신의 티스토리 블로그 메인 주소를 적어
주세요. 저 같은 경우는 http://blogbooja.tistory.com 주소가 들어가겠죠?

다음으로 언어는 한국어로 선택을 해야 합니다. 자신의 콘텐츠가 한국어
로 되어 있다는 것을 구글 애드센스 담장자에게 알리는 과정이기 때문입니

다. 한국어는 '한국어 – 한국어'로 목록 중간쯤에 있습니다.

그리고 마지막 애드센스 프로그램 정책을 반드시 읽고 동의한다고 체크해야 합니다. 애드센스 정책은 반드시 읽어보세요.

여기까지 마쳤다면 하단에 있는 [계속] 버튼을 클릭해주세요.

이제는 신청서를 작성하라고 합니다. 단계로는 3단계 '애드센스 신청서 제출'입니다. 신청서에 써야 할 내용은 다음과 같습니다. 먼저 국가는 목록 거의 끝에 있는 '한국', 계정 유형은 '개인'을 선택하기 바랍니다.

어떻게 보면 보통 홈페이지 가입과 비슷합니다. 다른 점은 영어로 기입해야 한다는 점입니다. 특히 '수취인 이름'부터가 중요합니다. 수취인은 한글로 쓰면 가입이 안 됩니다. 영어로 쓰시기 바랍니다. 단 자신이 돈을 받을 은행 계좌의 이름과 똑같아야 합니다.

'주소'는 두 줄로 입력합니다. 서울에 사신다면 '서울특별시'를 제외한 그다음 주소부터 쓰면 됩니다. 예를 들어 종로구청으로 하죠. 서울시를 제외한 주소를 영어로 쓰면 되고, 첫 번째 줄에 주소의 번지까지 쓰면 됩니다.

서울특별시 종로구 삼봉로 43 종로구청
- 43, Sambong - ro, Jongno - gu
- Jongno - gu Office

이렇게 소리나는 대로 써서도 무방합니다. 영어로 주소를 쓰는 것이 힘드신 분은 네이버나 다음과 같은 포털사이트에서 '영어주소'라고 검색해보세요. 자신의 집 주소를 영어로 번역해주는 서비스를 제공합니다.

주소 아래 '시/군/구'에는 자신의 시 또는 군 또는 구를 적으면 됩니다. '주소'에 이미 입력했지만 또 입력해도 무방합니다. '도시'는 본인이 서울, 부산 등 광역시에 산다면 해당 광역시를 선택하고, 경기도, 충북 등에 산다면 해당 도를 선택합니다.

'우편번호'와 '전화'에는 자신의 주소 우편번호와 전화번호를 입력합니다. 이때 전화번호에는 국가번호를 넣지 않아도 됩니다.

다 기입했으면 최하단의 [신청서 제출] 버튼을 클릭하세요.

드디어 애드센스에 기본적인 가입 신청을 완료했습니다. '귀하의 신청서가 제출되어 검토 중입니다'라는 메시지가 보입니다. 그렇습니다. 가입이 완료된 것이 아니라 이 블로그가 얼마나 활발하게 운영되고 있는가를 검토해 보겠다는 뜻입니다.

1주일간 천천히 가입 신청 승인 메일을 기다리며 블로그를 조금 더 활성화해야 합니다.

구글 애드센스 신청 후 준비하기

신청이 끝이 아니다!

구글 애드센스에 가입 신청 메일을 보낸 후 1주일. 이제 슬슬 메일에 대한 답변이 올 시간이 되었습니다. 검토 기간에 블로그 포스팅을 충실하게 했다면, 아마 구글에서도 그 정성을 봐서라도 통과시켜주었을 것입니다.

구글은 자신이 원하는 내용의 블로그인지, 아니면 내용이 충실한지 두 가지의 내용을 바탕으로 1주일 동안 검토를 합니다. 가입 신청이 승인되려면, 이 기간에 사람들이 어느 정도 들어와야 하며(최소 100~200명) 매일 1개 이상 포스팅해야 하고 전체 글이 20개는 되어야 합니다.

여기서 키포인트! 바로 블로그의 주제입니다.

모든 블로그는 주제가 있습니다. 제 대표 블로그 역시 주제가 있는 블로그입니다. '나는 고객이다'라는 제목에서 뭔가 느껴지지 않으시나요? 고객의 입장에서 어떤 상품이든 강하게 어필하여 권리를 찾고 제품에 대해 이해하려는 블로그가 바로 이 블로그입니다.

여러분의 블로그 역시 주제가 있어야 합니다. 확실한 주제가 있다고 파악될 때, 더 빠르고 확실하게 구글에서 여러분에게 광고를 달아줄 것입니다. 따라서 블로그를 개설하고 카테고리를 만들 때 블로그의 주제를 확실하게 정하고 글 역시 그 주제에 맞춰서 써나간다면, 블로그 자체도 난잡해 보이지 않을 뿐더러 구글 애드센스나 다른 포털사이트의 검색엔진에 등록할 때에도 유리할 것입니다.

또 하나, 자신이 단 광고를 자신이 클릭하는 우를 범하시면 안 됩니다. 이는 고의 클릭이라고 해서 향후 구글에서 태클이 들어오고 심지어는 강제로 광고를 달지 못하게 징계하는 것 중 하나입니다. 구글이 가장 강하게 징계하는 내용 중 하나가 바로 자신이 자신의 블로그의 광고를 클릭하는 것입니다. 반드시 명심하고 하지 말아주시기 바랍니다.

이렇게 매일 글을 쓰고 애드센스에 가입 요청을 하고 난 뒤 1주일이 지났을 때 구글에서 애드센스를 블로그에 달아도 좋다는 메일이 온다면, 이제는 당신도 광고로 돈을 벌 수 있는 기본 준비를 마쳐가고 있다고 생각해도 좋습니다.

이 메일은 발신 전용입니다. 이 메일로 답장을 보내셔도 수신할 수 없습니다. --

축하합니다!

귀하의 **Google** 애드센스 가입 신청이 승인되었습니다. 이제 몇 분 후면 귀하의 사이트에 광고를 게재할 수 있습니다.

빠른 계정 설정을 원하면 다음 단계를 따르십시오. 신규 애드센스 웹게시자를 위한 자세한 안내는 다음의 '새내기 가이드' 페이지에서 보실 수 있습니다. http://www.google.com/ads/newbiecentral

1단계: 계정에 로그인합니다.

https://www.google.com/adsense?hl=ko 페이지에서 신청서에 기재했던 이메일 주소와 비밀번호로 로그인합니다. 비밀번호를 잊어버린 경우 http://www.google.co.kr/adsensepassword 페이지에서 재설정하시기 바랍니다. 2단계: 애드센스 코드를 생성 및 구현합니다.

'애드센스 설정' 탭을 클릭한 후 안내에 따라 용도에 맞는 코드를 생성합니다. 마지막으로 '애드센스 코드' 상자에서 코드를 복사하여 광고를 게재할 사이트의 HTML 소스에 붙여넣습니다. 해당 사이트의 HTML 소스를 수정할 권한이 없는 경우 웹마스터나 호스팅 업체에 문의하시기 바랍니다.

HTML 소스에 코드를 추가하는 방법은 다음 페이지의 코드 구현 안내서에 자세히 설명되어 있습니다.
https://www.google.com/adsense/support/bin/answer.py?answer=44511&utm_id=1&hl=ko

코드를 삽입하면 몇 분 내로 **Google** 광고 및/혹은 검색창이 나타나기 시작합니다. 그러나 **Google**에서 귀하의 사이트를 크롤링하지 않아 콘텐츠 파악이 안된 경우에는 관련 광고가 게재되기까지 최대 48시간이 소요될 수 있습니다.

메일을 확인해보세요. 아마 그림과 같은 내용이 적혀 있을 것입니다. 자세히 읽어보면 대부분 협박이 아닌가 생각될 정도입니다. 일단 광고 코드를 삽입할 수 있다고 나옵니다. 기쁘신가요? 하지만 반전이 기다리고 있습니다. 사이트에 대한 검토가 완전히 끝날 때까지는 실제 광고가 적용되지 않는다는 것입니다. 빈 광고, 한마디로 공백만 출력되어 보인다는 것입니다.

구글의 말을 축약하자면 '일단 코드 넣어서 확인만 해봐라'라는 것입니다. 하지만 그렇다고 해서 안 해볼 수도 없습니다. 사이트에 애드센스 코드를 추가하고, 구글에 광고 요청을 보내야만 신청서 검토가 완료되기 때문이죠. 즉 이것 역시 광고를 넣기 위한 하나의 과정인 것입니다. 이 작업 이후 광고 승인 여부가 판단되니 중요한 작업이죠.

이 메일을 받으신 분들은 **계정 등록**을 먼저 해야 합니다. 계정 등록을 위해서 애드센스 페이지에 접속하여 로그인하면 **이용약관**에 동의하라는 페이지를 만나게 됩니다.

구글 애드센스 온라인 표준 이용약관

구글 애드센스 온라인 프로그램에 가입하시기 전에 본 이용약관 및 FAQ 를 주의깊게 읽어 보시기 바랍니다 . 구글 애드센스 온라인 프로그램에 참여하려면 , 본 이용약관을 승낙하여야 합니다 . 만일 , 본 이용약관을 승낙하시지 않는다면 , 구글 애드센스 온라인 프로그램에 가입하거나 참여하지 마십시요 .

개요 . 귀하와 Google Inc. (이하 "*Google*" 또는 " *구글* ") 간의 본 계약 (이하 " **계약** ") 은 구글 애드센스 온라인 프로그램 (이하 " **프로그램** ") 표준 이용약관 (이하 " **이용약관** ") 으로 구성됩니다 . 일반적으로 구글에서 제공하는 프로그램에 대한 설명은 https://www.google.com/adsense/faq 상의 프로그램 FAQ(이하 "**FAQ**") URL 또는 구글이 수시로 제공하는 URL 에서 확인할 수 있습니다 . " **귀하** " 또는 " **게시자 (Publisher)**" 는 , 본 계약의 적용을 받는 본인 또는 관련인 또는 이들을 대행하는 에이전시나 네트워크에 의하여 제출된 등록양식에 기재된 존재를 의미합니다 .

1. **프로그램 참여 .** 프로그램에 참여하기 위하여는 구글로부터 사전승인을 받아야 하고 , 귀하는 https://www.google.com/adsense/policies 상 및 / 또는 구글이 수시로 제공하는 기타 URL 상 프로그램 정책 (이하 " **프로그램 정책** ") 을 계속하여 준수하여야 합니다 . 구글은 재량에 따라 언제든지 신청자나 참여자의 참여를 거부할 권리를 보유합니다 . 프로그램에 등록함에 있어 , 귀하는 반드시 18 세 이상이어야 하고 , 프로그램에 등록함으로써 귀하는 구글이 다음 사항을 게재하여도 무방하다는 동의합니다 .

1) 제 3 자 및 / 또는 구글이 제공하는 광고 및 / 또는 다른 컨텐츠 (그러한 제 3 자가 제공하는 광고 , 구글이 제공하는 광고 그리고 다른 컨텐츠를 총칭하여 " **광고** "), (다만 만일 구글이 무보상 컨텐츠를 게재한다면 , 귀하는 프로그램의 일부로서 그러한 컨텐츠 수령을 배제할 수 있는 권한이 있음), 2) 관련 구글 검색어 및 / 또는 광고 검색상자 (총칭하여 , " **링크** "), 3) 구글 웹 및 / 또는 사이트 검색 결과 (총칭하여 , " **검색 결과** "), 및 / 또는 4) 구글 추천 광고 (이하 " **추천 버튼** ", 이를 각각은 귀하가 지정한 웹사이트 , 미디어 플레이어 , 비디오 컨텐츠 및 / 또는 모바일 컨텐츠 관련하여 또는 귀하가 서면 (이메일 포함) 으로 명백히 승인한 그러한 기타 자산 (properties)(그러한 기타 자산 , 이하 " **다른 자산** "), 그리고 Atom, RSS 또는 그러한 웹사이트 , 미디어 플레이어 , 비디오 컨텐츠 , 모바일 컨텐츠 및 / 또는 다른 자산을 통하여 배포된 기타 피드 (feeds), 미디어 플레이어 , 비디오 컨텐

이용약관을 잘 읽어보시고 "예, 위의 이용약관을 읽고 이에 동의합니다."라는 버튼을 체크한 다음, [내 애드센스 계정으로 이동] 버튼을 클릭합니다. 동의 후 이동한 페이지는 사용자들이 계정을 설정하고, 공지사항, 쪽지, 여러 정보를 볼 수 있는 개인 공간입니다. 먼저 계정 설정에 들어가서서, 해당 정보들을 확인하시고, 다른 점이 있으면 [수정] 버튼을 눌러서 수정하기 바랍니다. 계정 설정을 마친 분들은 좌측 '개요'를 클릭하면, 애드센스 메인 페이지가 나타납니다.

계정 등록 후에는 블로그에 추가할 수 있는 자바스크립트 형식으로 된 코드를 제공해줍니다. 새로 생성한 광고를 블로그에 추가하게 되면, 빈칸으로 아무런 광고가 표시되지 않습니다. 화려한 광고가 나오지 않는다고 오류가 생긴 건 아닙니다. 이러한 빈 광고를 자신의 블로그에 추가하면 비로소 구글은 한 번 더 검토를 시작합니다.

가입 승인 불가라면?

구글 애드센스를 신청한 지 1주일이 지나셨나요? 자신의 이메일에 슬슬 구글 애드센스에서 메일 하나가 올 때가 되었습니다. '아, 이제 나도 광고로 돈을 받을 수 있구나' 하는 환상에 빠진 당신! 신청만 하면 바로 광고가 내 블로그 품속으로 들어올 줄만 알았던 당신에게 애드센스는 크나큰 좌절을 던져주었을 것입니다.

바로 검토라는 시스템 때문일 것입니다. 구글은 자신이 원하는 내용의 블로그인지, 그리고 내용이 충실한지 두 가지의 내용을 바탕으로 1주일 동안 검토합니다.

앞서 말했듯 이 기간에 사람들이 어느 정도 내 블로그에 방문해야 하고, 매일 포스팅하고, 전체 글을 20개 정도로 유지해야 합니다. 그래야 구글에서는 이 블로그가 살아 있는 블로그이고 자신들이 광고를 주어도 좋다는 판단을 하게 됩니다. 그렇게 만들어놓고 신청 후 1주일 정도를 기다리면 구글 담당자에게 답변 메일이 올 것입니다.

안녕하십니까,

애드센스 계정을 이용해 웹사이트에 광고 코드를 구현하는 데 관심을 가져주셔서 감사합니다. 귀하의 신청서를 검토한 결과, 유감스럽게도 지금은 신청을 승인할 수 없습니다. 신청은 비승인되었지만 귀하의 계정에서 파트너 사이트에 광고 게재하는 것에는 영향이 없습니다.

비승인 이유는 아래와 같습니다.

문제:
-
콘텐츠 불충분

세부 정보:

콘텐츠 불충분: 애드센스에서 승인을 받고 귀하의 사이트에 관련 광고를 게재하려면 웹페이지에 있는 텍스트의 양이 Google 전문가가 검토하고 Google 크롤러가 페이지의 주제를 파악할 수 있을 만큼 충분해야 합니다.

이 문제를 해결하는 방법은 다음과 같습니다.

- 페이지에 충분한 양의 텍스트가 있는지 확인하세요. 콘텐츠의 대부분이 이미지, 동영상 또는 플래시 애니메이션인 웹사이트는 승인되지 않습니다.
- 콘텐츠에는 완전한 문장이나 구문이 있어야 하며 제목만 나열하는 것은 허용되지 않습니다.
- 애드센스 신청서를 제출하기 전에 귀하의 웹사이트가 제작이 완료되어 게시된 상태인지 확인하세요. 사이트가 베타 테스트 또는 '공사 중' 단계에 있거나 웹사이트 템플릿만으로 구성되어 있다면 신청서를 제출하지 마세요.

승인 불가 메시지는 그림과 같습니다. 비승인 이유는 특별히 없습니다. 한 마디로 콘텐츠 부족이라는 것입니다. 더 많은 포스트와 하나의 주제로 꾸준히 포스팅할 것을 블로거에게 요구하는 것입니다. 저 정도의 노력을 해주면 구글에서 이 블로그에 광고를 실어도 좋다는 의사표현을 해줍니다.

그 전에는 우선 블로그 관리부터 하기 바랍니다.

누적수익 10달러가 되면 반드시 해야 하는 일

3가지 해야 할 일

구글 애드센스는 100달러가 돼야 수익이 지급된다는 것, 알고 계시죠? 하지만 100달러가 되기 전 수익금이 10달러에 다다랐을 때, 구글 애드센스는 중간 확인을 합니다. 과연 이 사람이 올바르게 구글에 정보를 입력했는지 오프라인으로 확인을 하는 것입니다. 블로그를 막 개설한 현재 시점에서는 이런 것이 있다는 것만 알고 넘어가시고, 추후에 다시 이 부분을 읽으셔도 좋습니다.

구글 애드센스의 누적수익이 10달러에 도달하게 되면, 우리는 '지급보류'라는 메시지를 보게 됩니다. 지급보류는 '아직 네 신상정보가 확인 안 됐으니까 돈 못 준다!'라는 메시지입니다. 이 지급보류를 풀려면 구글이 요구하는 몇 가지 정보를 입력해야 합니다. 그 정보를 제공해야 수익을 지급받을 수 있습니다. 그림에서 빨간 메시지에 있는 링크를 클릭하면 세 가지 정보를 입력하라고 나옵니다.

> ✕ **지급이 보류 중입니다.** 지급될 수익금이 없습니다.
> - 지급 방식을 선택하거나 확인하십시오.
> - PIN을 입력하십시오.
> - 세금 정보를 제출해 주세요.

첫째, '지급 방식을 선택하거나 확인하십시오'를 클릭해봅시다.

그러면 지급 형식을 선택하는 화면이 나옵니다. 지급 형식에는 직접 수표
를 우편으로 받는 방법과 웨스턴 유니온 퀵 캐시Western Union Quick Cash로 받는 방법
이 있습니다. 저는 강력하게 '웨스턴 유니온 퀵 캐시'로 받는 방법을 추천합

니다. 수표는 우편으로 오기에 늦게 받기도 하지만 환전 시 수수료도 붙기 때문에 웨스턴 유니온 퀵 캐시를 선택하는 게 좋습니다. 웨스턴 유니온 퀵 캐시로 설정하면 **기업은행**에서 간편하게 수익을 지급받을 수 있습니다. 지급 형식 선택 후 [계속] 버튼을 클릭합니다.

다음으로 수취인 이름과 성에 계정과 동일한 이름과 성을 입력하고, 하단에 있는 체크박스에 체크한 후 [변경사항 저장] 버튼을 클릭합니다. 그러면 지급 방식에 대한 설정은 끝납니다.

참고로 그림에서 볼 수 있듯 한 달에 받을 수 있는 최대 금액은 7천 달러입니다. 즉, 한 달에 7천 달러(약 700만 원)를 넘게 수익을 거두면 그 이상은 받을 수 없다는 뜻입니다. 아예 돈을 못 받는다는 것이 아니라 7천 달러가 넘는 돈은 7천 달러까지만 일시불로 지급받을 수 있고 남은 금액은 달러로는 못 주고 원화로만, 그것도 한국은행에서 수령할 수 있다고 합니다. 한 달에 7천 달러 이상 벌 수 있을지는 조금 의문이 있지만, 이러한 것도 있다는 것을 참고만 하세요.

둘째, 'PIN을 입력하십시오'를 클릭합니다. PIN이란 'Personal Identification Number'의 약자로 개인 식별 번호를 뜻합니다. 구글에서 개인 신상 확인을 보내 발급하는 번호입니다.

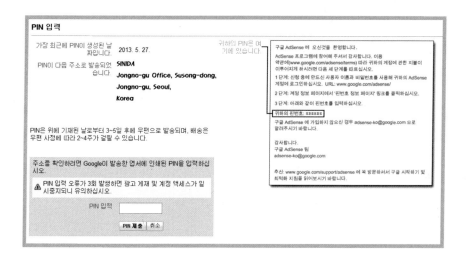

누적수익이 최초로 10달러를 넘으면 구글에서 집으로 엽서를 발송합니다. 보통 한 달 내에 엽서가 옵니다.

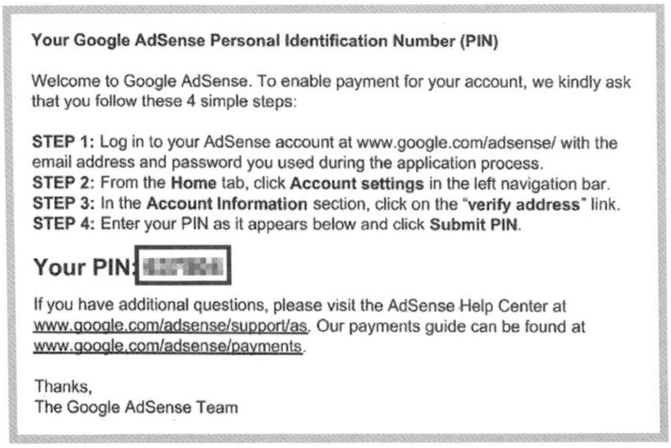

Your Google AdSense Personal Identification Number (PIN)

Welcome to Google AdSense. To enable payment for your account, we kindly ask that you follow these 4 simple steps:

STEP 1: Log in to your AdSense account at www.google.com/adsense/ with the email address and password you used during the application process.
STEP 2: From the **Home** tab, click **Account settings** in the left navigation bar.
STEP 3: In the **Account Information** section, click on the "**verify address**" link.
STEP 4: Enter your PIN as it appears below and click **Submit PIN**.

Your PIN:

If you have additional questions, please visit the AdSense Help Center at www.google.com/adsense/support/as. Our payments guide can be found at www.google.com/adsense/payments.

Thanks,
The Google AdSense Team

엽서는 그림과 같습니다. 여기 적힌 PIN을 입력하면 됩니다. 만약 엽서가 오지 않거나 몇 번 발송 실패가 되면, 구글에 문의해서 이메일로 PIN을 보내 달라고 해야 합니다. 또한 3번까지는 재발송 요청이 가능합니다. 신청을 했 지만 한 달이 넘게 구글에서 엽서가 오지 않았다면 재발송 요청을 해보세요.

이제 수익을 지급받기 위한 모든 준비가 되었습니다. 어서 빨리 한 달 수 익 100달러 넘겨서 돈을 수령하기 바랍니다.

마지막으로 '세금 정보를 제출해 주세요'를 클릭합니다.

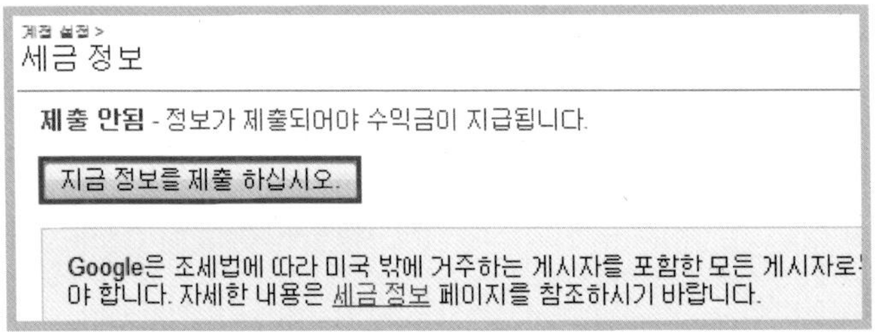

계정 설정 >
세금 정보

제출 안됨 - 정보가 제출되어야 수익금이 지급됩니다.

지금 정보를 제출 하십시오.

Google은 조세법에 따라 미국 밖에 거주하는 게시자를 포함한 모든 게시자로 야 합니다. 자세한 내용은 세금 정보 페이지를 참조하시기 바랍니다.

일해서 번 돈이기 때문에 세금을 내야 합니다. 하지만 신경 쓸 필요 없습 니다. [지금 정보를 제출 하십시오]를 클릭합니다.

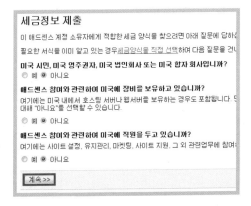

미국과 관련이 있는지에 대한 질문들이 나옵니다. 한국 거주자라면 모두 '아니오'를 선택한 후 [계속] 버튼을 클릭합니다.

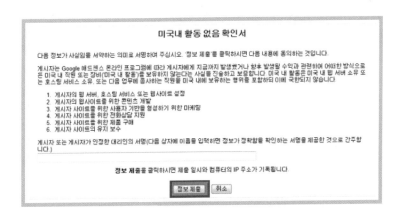

이제 하단의 입력 칸에 계정에 사용하는 이름을 입력하고 [정보 제출] 버튼을 클릭합니다. 세금 정보 제출이 끝났습니다!

구글 광고 생성하는 방법

기본 광고 생성해보기

이제 가입 및 승인 단계를 모두 거쳤다고 가정하고 블로그에 광고를 삽입해 보겠습니다. 먼저 응용 방법이나 멋있는 광고가 아닌 기본적인 광고를 다는 방법을 알려드리겠습니다. 물론 블로그의 스킨은 저와 같아야겠죠? 그래야 똑같은 곳에 달 수 있으니까요!

구글 애드센스가입을 2단계로 나누자면 지금까지 1단계는 통과하신 것입니다. 지금부터는 2단계의 승인 과정을 마쳐야 합니다. 여기서 1단계란 신청자의 사이트 및 계정에 대한 면밀한 예비 심사를 뜻하며, 2단계란 신청자가 사이트에 HTML 광고 코드를 구현하는 과정을 뜻합니다.

그러나 사이트에 광고 노출이 발생하기 시작하면 최종 승인 과정이 완료될 때까지 '빈칸 광고'가 임시로 표시됩니다.

즉 처음 구현하게 되면 그림과 같이 빈칸으로 광고가 공백만 표시됩니다. 빈칸 광고는 페이지의 배경과 동일한 색으로 표시되기 때문에 사용자의 사이트 이용에 방해되지 않습니다.

이 기간에는 수익이 발생하지 않으며 계정에 로그인하면 계정이 검토 중이라는 빨간색 알림 배너가 표시됩니다. 구글은 이 검토 기간에 웹사이트를 크롤링하고 색인에 추가하여 최종 승인되는 즉시 광고를 게재합니다.

광고 코드를 구현하고 사이트에 대한 검토가 완료되면 최종 승인 결정이 내려집니다. 승인되는 경우 기존 광고 단위에 실제 광고가 게재되기 시작합니다. 광고의 관련성은 시간이 지날수록 높아집니다. 페이지를 변경할 경우 구글 크롤러가 변경사항을 인식하여 관련 광고가 게재되도록 색인을 업데이트하기까지 1~2주가 소요될 수 있으니 유의하세요.

자, 그럼 지금부터 빈칸 광고라도 좋으니 광고를 만들어보겠습니다.

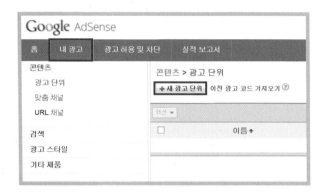

구글 애드센스 메인에서 '내 광고〉콘텐츠〉광고 단위〉+ 새 광고 단위'를 클
릭해주세요.

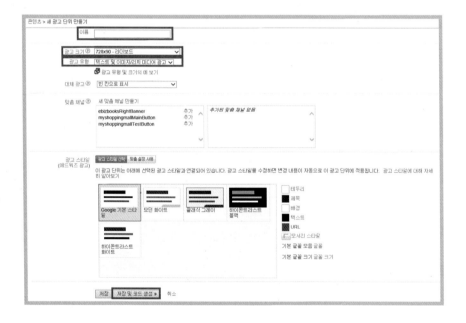

이제 그림과 같은 화면이 나올 것입니다. 아직 초보자인 여러분이 수정해
야 할 것은 많지 않습니다. 기본적으로 두 부분만 보면 됩니다.

먼저 '이름'을 보겠습니다. 이것은 생성할 광고의 이름으로 아무거나 넣으셔도 무방합니다. 저 같은 경우는 "본문광고1", "본문광고2" 이런 식이나 "사이드광고1", "사이드광고2" 이런 식으로 이름을 붙여 구별합니다. 초반에 광고를 만들 때는 큰 의미 없으니 부담 갖지 말고 아무런 이름을 붙이세요. 영어, 한글, 숫자 상관없습니다. 한글이 편하겠죠?

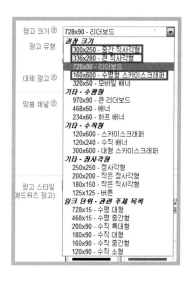

두 번째는 '광고 크기'와 '광고 유형'입니다. 일반적으로 '중간 직사각형'과 '큰 직사각형' 두 가지가 많이 사용됩니다. 이유는 구글에서 추천하는 사이즈가 바로 이 사이즈이기 때문입니다. 사이드바에는 '수평형 스카이스크래퍼'를 많이 사용합니다. 모바일 배너도 있기는 한데 별로 추천드리지 않습니다. 크기가 작기 때문에 잘 보이지 않습니다.

저는 일단 336×280인 큰 직사각형 광고를 달아보겠습니다. 336이라는 숫자는 가로 픽셀 길이고, 280이라는 숫자는 세로 픽셀 길이입니다.

그림과 같은 크기의 사이즈가 바로 336×280 사이즈의 광고입니다. 아마 블로그를 운영하시면서 또는 타인의 블로그에 들어가셨을 때 가장 많이 보는 광고가 아닐까 하는 생각이 듭니다.

다음은 광고 유형입니다. 광고 유형은 이미지/텍스트로 나뉩니다.

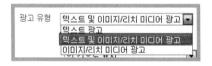

• **텍스트 광고: 글자만 나오는 광고**
• **텍스트 및 이미지/리치 미디어 광고: 글자＋이미지＋동영상 광고**
• **이미지/리치 미디어 광고: 이미지＋동영상 광고**

어떤 이는 텍스트 광고가 좋다고 합니다. 또 다른 어떤 이는 이미지 광고가 좋다고 합니다. 아마 다들 자신들의 경험이나 축적해놓은 데이터를 바탕으로 이야기하는 것이라고 생각합니다. 일반적으로 두 가지의 광고는 각각의 특성이 있습니다. 블로그 포스트의 내용에 따라서, 삽입한 광고의 위치에 따라서 조금씩 다릅니다.

몇몇 사람들은 텍스트가 좋다고 텍스트 광고만 다시는 분들도 계시고, 몇몇 분들은 이미지 광고만 달고 계신 분들도 있습니다. 하지만 저는 혼합해서 다는 것이 가장 좋다고 말하고 싶습니다.

일반적으로 텍스트 광고가 수익이 높을 경우는 프로그램 소개, 제품 다운로드, 사이트 또는 자료 링크에 관한 포스트가 주를 이룹니다. 특히 프로그램에 대한 소개와 그 프로그램을 업로드한 포스트에서는 이미지 광고보다는 텍스트 광고의 수익이 압도적으로 높습니다. 그 이유는 사람들이 프로그램을 다운로드하기 위해 링크 주소를 클릭하게 되는데, 이때 실수로 구글 애드센스를 해당 프로그램의 다운로드 링크로 착각하고 누를 확률이 높기 때문입니다. 따라서 이러한 내용을 주로 싣는 블로그를 운영하시는 분들은 텍스트 광고 위주로 블로그를 운영하시면 좋습니다.

이미지 광고와 같은 경우에는 일반적으로 보험, 패션, 웹호스팅과 같은 광고를 달 때, 클릭을 많이 해줍니다. 화려한 이미지는 마치 포스트의 일부로 느껴지게 되고, 방문객은 포스트의 일부로 느낀 이미지를 클릭하여 더 많은 정보를 얻으려 하기 때문입니다.

따라서 1개 또는 두 개 정도의 주제를 가지고 꾸준히 운영하는 블로그라면, 이미지 광고와 텍스트 광고 중 1개를 선택하여 블로그에 삽입하는 것이 유리하겠지만, 그렇지 않은 블로그를 운영하시는 분들에게는 더 일반적인 '텍스트 및 이미지/리치 미디어 광고'를 추천하겠습니다.

여기까지가 설정해야 할 부분입니다. 이제 하단의 [저장 및 코드 생성] 버튼을 꾹! 눌러주세요.

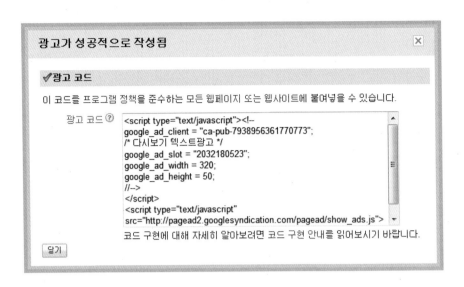

그림과 같이 코드가 생성되어 뜰 것입니다. 이런 식으로 광고를 몇 개 만
들어봅시다.

이름 ↑			ID	상태	요약
다시보기 텍스트광고 숨기기 | 보고서 보기	코드 가져오기	| 광고 유형 수정	2032180523	활성	텍스트, 320x50
링크광고 숨기기 | 보고서 보기	코드 가져오기		2415201099	활성	광고 링크, 468x15
링크광고(사이드바) 숨기기 | 보고서 보기	코드 가져오기		1996398697	활성	광고 링크, 180x90
모바일 긴광고1 숨기기 | 보고서 보기	코드 가져오기	| 광고 유형 수정	7654482695	활성	텍스트/이미지, 300x600
모바일 긴광고2 숨기기 | 보고서 보기	코드 가져오기	| 광고 유형 수정	9131215897	활성	텍스트/이미지, 300x600
모바일1 숨기기 | 보고서 보기	코드 가져오기	| 광고 유형 수정	2579999918	활성	텍스트/이미지, 300x250
모바일2 숨기기 | 보고서 보기	코드 가져오기	| 광고 유형 수정	8265731898	활성	텍스트/이미지, 250x250
모바일배너1 숨기기 | 보고서 보기	코드 가져오기	| 광고 유형 수정	2201510128	활성	텍스트/이미지, 320x50
본문 동영상다시보기 숨기기 | 보고서 보기	코드 가져오기	| 광고 유형 수정	3411310725	활성	텍스트/이미지, 468x60
본문 상단 숨기기 | 보고서 보기	코드 가져오기	| 광고 유형 수정	7847420580	활성	텍스트/이미지, 336x280 파워블로그 본문1
본문상단 세컨드 숨기기 | 보고서 보기	코드 가져오기	| 광고 유형 수정	2327374533	활성	텍스트/이미지, 336x280
세로 광고 숨기기 | 보고서 보기	코드 가져오기	| 광고 유형 수정	6168820290	활성	텍스트/이미지, 160x600

112

코드가 생성되면 구글 애드센스의 창이 닫히더라도 광고는 저장되므로 걱정할 필요 없습니다. 한번 만들었던 코드를 다시 보려면 광고 목록에서 해당 광고의 '코드 가져오기'를 누르면 됩니다. 이제 이 코드를 자신의 티스토리 블로그에 넣어야 합니다. 그 방법을 알아볼까요?

블로그 내 광고 삽입

구글 애드센스 티스토리에 다는 방법

구글 애드센스에 로그인 후 자신의 광고를 생성할 수 있다는 것과 광고에는 각각의 코드가 있다는 것도 알았습니다. 그리고 구글 애드센스 광고 단위를 한번 만들면 지워지지 않고 남아 있다는 것까지 확인했습니다.

그럼 이제 광고를 어떤 위치에 달면 좋을까요? 방문객들은 블로그를 방문했을 때, 본문을 가장 집중적으로 보게 됩니다. 따라서 블로거는 자신이 포스팅하는 글 내부에 구글 광고를 삽입해야 많은 방문객들이 글을 읽음과 동시에 광고를 접하게 할 수 있습니다.

보통 구글 애드센스는 포스팅하는 글의 상단, 중단, 하단에 넣습니다. 특히 구글 같은 경우는 다른 곳의 광고와는 달리 광고를 한 페이지에 3개밖에 넣지 못하도록 제한해놓았습니다. 따라서 최적의 배치가 중요합니다. 여기에서는 광고를 본문에 넣는 법부터 알려드리겠습니다.

자, 이제 애드센스 로그인 상태를 유지하고 자신의 블로그 역시 로그인 상태를 유지하세요. 그다음 블로그의 관리자 모드로 들어가 '꾸미기〉HTML/CSS 편집'으로 이동합니다.

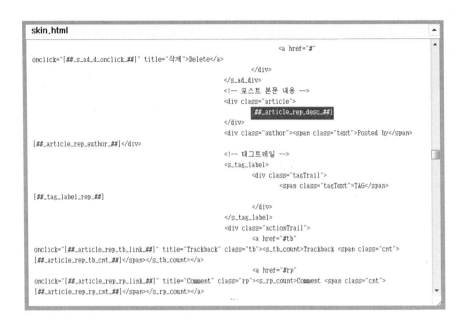

```
skin.html
                                                        <a href="#"
onclick="[##_s_ad_d_onclick_##]" title="삭제">Delete</a>
                                                </div>
                                        </s_ad_div>
                                        <!-- 포스트 본문 내용 -->
                                        <div class="article">
                                                [##_article_rep_desc_##]
                                        </div>
                                        <div class="author"><span class="text">Posted by</span>
[##_article_rep_author_##]</div>

                                        <!-- 태그트레일 -->
                                        <s_tag_label>
                                                <div class="tagTrail">
                                                        <span class="tagText">TAG</span>
[##_tag_label_rep_##]
                                                </div>
                                        </s_tag_label>
                                        <div class="actionTrail">
                                                <a href="#tb"
onclick="[##_article_rep_tb_link_##]" title="Trackback" class="tb"><s_tb_count>Trackback <span class="cnt">
[##_article_rep_tb_cnt_##]</span></s_tb_count></a>
                                                <a href="#rp"
onclick="[##_article_rep_rp_link_##]" title="Comment" class="rp"><s_rp_count>Comment <span class="cnt">
[##_article_rep_rp_cnt_##]</span></s_rp_count></a>
                                                ...
```

블로그의 HTML 소스를 수정하는 곳은 skin.html 파일입니다. style.css 파일이 아닙니다. 이 skin.html 파일의 HTML 편집창에서 Ctrl＋F를 누르거나 혹은 눈으로 [##_article_rep_desc_##] 부분을 찾습니다. 이 내용이 바로 블로그에서 포스트 본문에 해당하는 영역입니다.

혼히들 광고가 본문의 시작에 있거나 끝에 있는 것을 많이 보셨죠? 바로 광고를 [##_article_rep_desc_##] 앞에 붙이면 광고가 본문 앞에 붙는 것이고, 반대로 아래에 붙이면 본문 아래에 붙습니다.

구글 광고

본문 → [##_article_rep_desc_##]

구글 광고

위와 같은 식으로 넣어주는 것이죠.

이제 광고 코드를 어디에 넣을지 알았으니 구글 애드센스 페이지에서 삽입할 광고의 코드를 복사해서 오겠습니다.

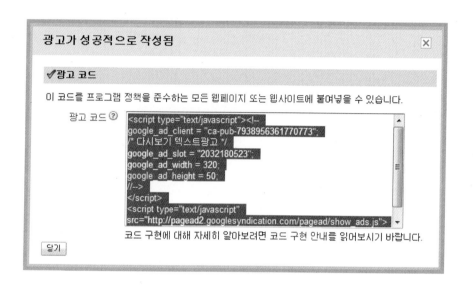

앞에서 살펴본 대로 만들어놓은 광고에서 '코드 가져오기'를 누른 다음, HTML 코드 아무 곳이나 클릭하면 전체가 자동으로 선택됩니다. 이를 Ctrl＋C 또는 마우스 우클릭 후 '복사하기'를 선택하여 복사하고, 이 코드를 본문의 위쪽 또는 아래쪽에 붙이면 됩니다. 마지막에는 물론 우측 하단의 [저장] 버튼을 클릭해야 합니다.

참고로 자신의 광고 코드 앞뒤로 <center> … </center>라는 태그를 넣으면 광고를 포스트 중앙에 오도록 할 수 있습니다.

```
<center>
```

구글 광고 코드

```
</center>
```

이와 같이 'center'라는 영어 단어와 꺾쇠, 슬래시를 적어주세요. 그러면 광고가 한쪽에 치우치지 않고 포스팅 중간에 예쁘게 오게 됩니다.

이렇게요. 깔끔하죠? 자, 이제 여러분이 해볼 차례입니다.

구글 애드센스 최적화

구글 애드센스를 블로그에서 최적화하는 방법

광고는 잘 달았나요? 하얗게만 나오는 것이 아니라 제대로 나오고 있나요? 가끔 보면 "아직 광고가 왜 안 나오느냐!", "광고 코드를 붙였는데 이상하다" 하는 분들이 계십니다. 아직 구글에서 허가가 나지 않았기 때문입니다. 그럴 때는 블로그를 더욱 열심히 꾸미셔야 합니다. 어떻게? 앞에서도 말했지만 다음과 같이요.

- 포스팅을 많이 하자!
- 블로그의 주제를 확실하게 정하자!
- 포스팅을 최대한 주제와 맞게 하자!
- 너무 다양한 주제보다는 한 가지 위주로 일단 하자!

이상의 기준에 맞춰서 포스팅하다 보면 어느새 자연스럽게 광고가 노출되고 있을 것입니다. 그다음부터는 포스트의 주제를 다양하게 하거나 마음껏 포스트를 변경하여도 크게 문제가 되지 않습니다. 구글은 **최초만 자세히**, 그리고 조금 철저하게 보기 때문입니다.

그럼 광고가 나오기 시작한 분들을 대상으로 다음으로 넘어가겠습니다.

구글 광고! 일단 나오는 것은 좋은데, 수익이 없다고요? 구글 광고로 돈을 벌기 위해서는 다음과 같은 조건을 맞춰주어야 합니다.

❶ 방문객이 많아야 한다.
❷ 방문객이 내 광고를 눌러주어야 한다.
❸ 하나의 IP(한 장소)에서 여러 번 눌러서는 안 된다.

일단 방문객이 많아야 합니다. 하루에 100명 들어오는 블로그와 하루에 1만 명이 들어오는 블로그가 있다면? 당연히 벌어들이는 수익이나 블로그의 질에 차이가 있습니다.

또한 방문객이 들어만 와서는 안 됩니다. 내가 달아놓은 광고를 클릭해주어야 합니다. '클릭＝돈'입니다. 따라서 몇몇 사람은 자신의 수익을 위해 자신의 집에서 자기가 달아놓은 광고를 클릭하기도 하는데, 이는 구글의 정책에 위반되는 행동이므로 차후에 구글에서 제재를 가합니다. 광고 중지 혹은 애드센스 계정 자체를 삭제 또는 정지시켜버립니다. 따라서 가장 하지 말아야 할 행동 중 한 가지가 바로 '자신의 광고 자기가 클릭'입니다. 세 번째 하나의 IP에서 여러 번 누르는 것도 같은 맥락에서 추후 구글의 제재를 받게 됩니다.

가장 중요한 것은 많은 사람들이 내 블로그에 방문해주어야 한다는 점입니다. 이 내용에 대해서는 할 말이 너무 많기 때문에 3장에서 자세히 살펴보겠습니다. 여기에서는 내 블로그에 들어온 방문객들이 어떻게 하면 내 광고를 잘 눌러줄지에 대해 살펴보죠. 즉 '광고를 어디에 달아야 많은 사람들이 최대한 많이 클릭을 해줄까?'라는 점입니다.

사실 이에 대한 정답은 블로그마다 다르다는 것입니다. 하지만 일반적으로 블로그의 상단이 가장 많이 클릭되는 위치라고 할 수 있습니다. 보통 블로그는 1단, 2단, 3단 등의 구성을 가지고 있습니다. 제 블로그는 2단 구성이며, 여러분도 앞에서 저와 같은 스킨을 선택했으므로 2단 구성입니다. 일반적으로 가장 흔한 구성입니다.

[블로그와 애드센스 광고로 돈벌기-하나부터 열까지]

  왼쪽에 포스트 내용이 들어가는 본문이 바로 1단이고, 카테고리, 링크 및 달력 등이 삽입된 우측(블로그에 따라 좌측) 사이드바가 2단입니다. 이렇게 대부분의 블로그가 보통 두 개의 부분으로 나뉘어 있습니다.

  구글 애드센스는 1개의 페이지에 최대 3개까지 삽입이 가능합니다. 어떤 형태이든 3개 이상 삽입이 불가능하게 되어 있습니다. 즉 '컴퓨터에서만 보이는 광고＝3개' 또는 '모바일에서만 보이는 광고＝3개'가 아닌 '컴퓨터에서 보이는 광고＋모바일 광고＝3개'가 되어야 하는 것입니다.

  일반적으로 이전에 제가 설명한 광고 방식은 컴퓨터에서 보이는 광고 형태입니다. 현재 상태에서 모바일 기기로 제 블로그에 접속하면 모바일 화면에서는 전혀 광고가 보이지 않습니다. 아니, 볼 수 없습니다. 한번 접속해볼까요?

그림처럼 삽입해두었던 구글 광고를 전혀 찾아볼 수 없을 것입니다. 하지만 그렇다고 해서 모바일에 광고를 못 싣는다면, 그건 안 될 말이겠죠? 모바일에서 볼 수 있는 광고를 포스트에 적용하는 방법은 곧이어 설명하겠습니다.

일단 제 블로그와 같이 2개의 단으로 되어 있을 때, 가장 많이 사용하는 광고 배치 방법은 크게 두 가지가 있습니다.

❶ 본문에 광고 3개를 삽입한다.
❷ 본문에 광고 2개, 사이드바에 광고 1개를 삽입한다.

그림과 같이 메인에 광고 2개, 사이드바에 광고 1개를 단 모습이 가장 대표적인 블로그 광고 배치입니다. 현재 가장 많은 사람들이 애용하고 있습니다. 변형 형태로 오른쪽의 사이드바 광고를 본문 하단에 다는 사람들도 있습니다.

본문 상단에 광고를 노출시키는 방법은 컴퓨터에 방문객들이 올 때, 가장 먼저 글의 내용과 광고를 동시에 접하기 때문에 노출 빈도도 높을뿐더러, 클릭률 또한 높일 수 있다는 장점이 있습니다. 하지만 예쁘게 배치하지 못하면 블로그가 지저분해 보일 수 있고, 인터넷 신문처럼 어지러워 보일 수 있다는 단점도 동시에 존재합니다.

한 개 페이지에 3개의 광고밖에 보이지 않는 구글 광고 최적화를 위해서는 본문에 최소 2개의 광고는 달아주어야 합니다. 또한 모바일에서 추후 보이게 될 때를 위해서라도 사이드바의 광고는 결국 버려야 하는 선택 아닌 선택을 하게 될 것입니다.

모바일 사용자를 공략하자

모바일에서도 보이는 구글 애드센스

이번에는 PC에서도 보이지만 모바일에서까지 보이는 애드센스에 대해 설명하겠습니다. 어렵지는 않지만 매번 글을 쓸 때마다 광고를 붙여야 된다는 부담감과 귀찮음이 있다는 점 명심하기 바랍니다.

이전의 애드센스는 HTML 소스를 관리자 모드에서 삽입해놓으면 자동으로 들어가 있었기에 글을 쓸 때 따로 적용하거나 광고에 대해 생각하고 글 쓰는 행동을 할 필요가 없었습니다. 하지만 모바일 광고를 달게 된다면 이러한 것들은 달라지게 됩니다. 글의 중간 또는 글의 처음이나 끝 부분에 광고를 달아야 하기 때문에 글을 다 쓰거나 글 쓰는 도중에 광고를 삽입해야 하는 번거로움이 있습니다.

그렇다고 번거로움 때문에 모바일 광고를 포기할 수는 없습니다. 저 같은 경우는 하루 1만 명의 방문객이 들어온다고 가정했을 때, 약 40% 정도의 사람들이 모바일을 통해 들어옵니다. 스마트폰이나 아이패드와 같은 휴대 기기를 이용하여 제 블로그에 접속하는 것입니다.

여러분이 돈에 연연하지 않고 블로그를 운영한다면 굳이 모바일 광고를 달 필요는 없습니다. 하지만 애드센스를 달았다는 것은 곧 수익형 블로그를 만들겠다는 것이므로 여러분은 이제부터 반드시 그 40%의 방문객에게 광고를 보여주고 클릭을 유도해야 합니다.

모바일 광고는 앞에서 설명한 것처럼 포스트의 처음이나 중간 그리고 끝에 다실 수 있습니다. 모바일의 화면은 PC에 비해 좁기 때문에 한 라인에 광고 2~3개가 들어갈 수 없습니다. 즉 한 줄에 1개의 광고라는 것이 특징입니다.

그럼 모바일 광고를 다는 방법을 구체적으로 살펴보겠습니다.

모바일 광고라고 해서 광고 형태가 달라지지 않습니다. 그림과 같이 모바일 배너라는 것이 있기는 있습니다. 하지만 크게 구애받지 마세요. 기타 다른 크기의 배너들도 모바일 배너로 달 수 있습니다. 다만 저 '모바일 배너'라는 것을 구글에서 권장하는 것뿐입니다.

모바일 배너는 글을 쓸 때마다 달아줘야 하는 불편함이 있습니다. 그래서 저 같은 경우는 기본 블로그에 배너 1개를 고정시켜놓고, 모바일 배너는 2개를 달고 있습니다. 그럼 2개만 신경을 써도 되기 때문입니다.

여기서 제가 쓰는 팁은 바로 '서식'이라는 티스토리의 기능을 쓰는 것입니다. 글을 쓸 때 기본적인 틀을 미리 정해놓는 것이 바로 서식이라는 기능입니다.

티스토리에서 글을 쓸 때, 우측 가장 하단에 '서식'이라는 버튼이 보일 것입니다. 그 버튼을 누르면 기본 티스토리 서식이 펼쳐지는데 저는 이곳에 서식을 저장시켜놓고 항상 불러들여 사용하고 있습니다.

그럼 일단 서식에 대해 살펴보겠습니다. 서식이란 증서, 원서, 신고서 따위와 같은 서류를 꾸미는 일정한 방식입니다. 즉 티스토리 글을 쓸 때 그냥 막 쓰는 것이 아니라 일정한 형식에 맞추서 쓰기 위해 미리 만들어놓은 하나의 틀입니다.

티스토리에서 서식을 만드는 방법은 간단합니다. 그냥 글을 쓰듯이 작성해놓고 서식으로 저장하면 됩니다.

그림과 같이 글을 쓸 때 보면 오른쪽 상단에 글, 공지, 키워드, 서식 등이 보일 것입니다. 이때 기본적으로 '글'이 선택되어 있는데 이를 '서식'으로 선택한 후 구글 광고를 배치해놓으세요. 그러면 앞으로 자신이 불러오는 서식에는 항상 구글 광고가 처음 배치해놓은 그대로 배치되어 있을 것입니다. 제목은 반드시 써야 합니다. 이렇게 정한 제목이 곧 서식의 제목이 되는 것입니다.

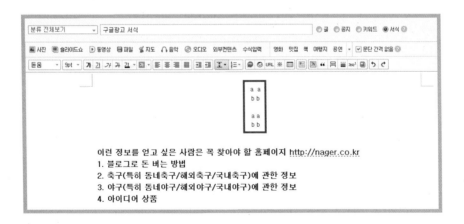

제 서식의 모습입니다. 이 서식을 보면 a a나 b b 같은 문자가 보입니다. 이상하죠?

저 부분은 바로 구글 광고가 들어가 있는 부분입니다. 구글 광고 코드는 글을 쓸때는 보이지 않습니다. 그래서 어디에 구글 광고가 있는지 알 수가 없습니다. 다른 분들 중에는 사각 틀을 만들어놓고 그 안에 삽입하는 분들도 계십니다. 그러나 구글은 사각 틀을 공식적으로는 안 된다고 말합니다. 광고를 돋보이게 하는 틀이라는 것이 이유입니다. 그래서 저는 저렇게 코드 부분 양 옆에 a를 적어놓고 그 사이에 구글 광고를 넣었습니다.

보이시나요? 편집창에서 우측 상단의 'HTML'에 체크하면 포스트의 HTML 코드를 편집할 수 있습니다. 이렇게 한 다음 구글 광고를 삽입하고 그 앞뒤에 a와 a를 표시한 것입니다. 그렇게 2개를 서식에 넣었습니다.

이렇게 하면 모바일에서 광고가 2개 보이게 됩니다. PC로 보았을 때는 기본 광고 1개와 모바일 광고 2개가 모두 보이기 때문에 3개가 다 보이게 되는 시스템입니다. 아마 차후에는 구글에서도 조금 변경하지 않을까 하는 생각도 듭니다.

다시 한 번 이야기 말하지만 돈을 벌기 위한 목적이 아니라면 굳이 모바일 광고를 다는 번거로움을 겪지 않으셔도 됩니다. 하지만 돈을 벌기 위한 목적이 가장 큰 분이라면 모바일 광고를 결코 버려서는 안 됩니다. 이제 앞으로 50% 이상의 사람들은 블로그에 접속을 할 때 바로 모바일 기기로 접속할 것이라는 점을 잊지 마세요.

베이글녀 개그우먼' 맹승지가 빼어난 몸매로 네티즌의 주목을 받고 있다.

한눈에 딱! 보이시나요? 양 옆에 aa가 있는 게 보이시죠? 저런 식으로 모바일 광고가 PC에서는 기본 광고와 함께 보이게 됩니다.

모바일로 접속하면 기본 광고는 보이지 않지만, 모바일 광고 2개는 그림과 같이 보이게 되죠.

블로그로 인터넷으로 투잡을 하기 위해서는 이러한 번거로움을 참아야 합니다. 매번 구글 애드센스 홈페이지에 들어가서 광고 소스 복사해서 붙이는 것보다는 서식을 한번 만들어 모바일 광고를 미리 삽입해놓은 후 글을 쓰면, 훨씬 편하지 않을까요?

더 좋은 방법이 있다면 그 방법으로 하시고, 없다면 지금 당장 서식을 이용하세요. 모바일 광고를 달면 지금보다 수익이 증대되는 현상을 느끼실 수 있을 것입니다.

03 왜 구글 광고인가?

구글 애드센스와 리얼클릭 비교

🔖 애드센스 말고 다른 광고는 없을까?

하루에 동일한 방문객이 들어오는 두 사이트가 있다고 가정했을 때, 하나는 구글 애드센스를, 다른 하나는 우리나라의 한 기업이 운영하고 있는 리얼클릭이라는 광고를 달았습니다. 두 광고 모두 방문객의 숫자와 광고 클릭만을 통해 수익을 올린다는 점에서 광고를 삽입하는 블로거의 입장에서는 큰 부담이 없는 시스템입니다. 광고를 통해 물건을 반드시 팔아야 한다는 부담이 없기 때문입니다. 과연 어떤 광고의 수익이 더 많을까요?

구글 애드센스와 리얼클릭이라는 광고를 비교해서 달아본 시기가 있었습니다. 2011년 12월 1일부터 2011년 12월 31일까지의 기간입니다. 이 기간에 리얼클릭과 구글 애드센스를 같은 위치에 최대한 비슷하게 달다가 마지막 주에 가까워졌을 때, 한 주는 구글 애드센스만, 한 주는 리얼클릭 광고만 달아봤습니다. 일단 결과만 놓고 봤을 때, 구글 애드센스의 수익은 1449.33달러였고, 리얼클릭의 수익은 292840원이었습니다. 현재 환율로 계산했을 때, 구글 애드센스 수익은 약 1619626원으로 리얼클릭에 비해 5.5배 이상 많은 수익을 벌 수 있었습니다.

아래는 리얼클릭의 한 달간 수익 및 페이지뷰입니다. 구글과는 달리 리얼클릭의 페이지뷰는 상당히 많습니다. 구글은 3개의 광고만을 달 수 있었지만 리얼클릭의 광고는 숫자의 제한이 없었기 때문에 약 5배 정도 더 많은 광고를 달았기 때문입니다. 따라서 총 페이지뷰 숫자가 구글의 35만뷰에 비해서 리얼클릭은 180만 뷰로 한 달에 약 5배 정도 더 많이 노출되었습니다. 하지만 수익은 페이지뷰에 비해 많지 않았습니다.

2011년 12월 리얼클릭 클릭률 및 수익

날짜	노출	클릭 수	클릭률(%)	수익금(원)
1일	18,861	35	0.19	2,151
2일	14,600	22	0.15	1,067
3일	19,584	32	0.16	1,344
4일	20,516	32	0.16	1,599
5일	17,903	29	0.16	1,252
6일	33,886	48	0.14	2,323
7일	30,501	40	0.13	2,142
8일	107,772	185	0.17	12,109
9일	101,517	206	0.20	11,786
10일	86,323	173	0.20	8,734
11일	66,121	76	0.11	5,098
12일	60,565	74	0.12	4,941
13일	74,464	133	0.18	7,373

날짜	노출	클릭 수	클릭률(%)	수익금(원)
14일	120,197	204	0.17	9,715
15일	87,363	175	0.20	7,623
16일	63,683	103	0.16	6,854
17일	74,501	117	0.16	7,268
18일	60,086	63	0.10	4,969
19일	52,762	103	0.20	5,885
20일	56,474	85	0.15	4,454
21일	56,549	97	0.17	6,247
22일	83,889	140	0.17	10,634
23일	102,550	489	0.48	40,727
24일	57,783	306	0.53	22,335
25일	44,971	254	0.56	18,484
26일	55,460	277	0.50	24,400
27일	41,626	194	0.47	18,157
28일	58,188	268	0.46	23,902
29일	56,566	132	0.23	13,337
30일	46,537	30	0.06	2,808
31일	38,201	33	0.09	3,122
합계	1,809,999	4,155		292,840

　　노출 대비 수익율은 구글 애드센스에 비해서 리얼클릭이 현저히 떨어졌습니다. 이 현상은 구글 애드센스와 리얼클릭을 아예 1:1로 비교했을 때 더 자세히 알 수 있었습니다.

2011년 12월 구글 애드센스 클릭률 및 수익

날짜	페이지뷰	클릭 수	클릭률(%)	예상 수입(달러)
1일	3,116	13	0.42	2.83
2일	3,312	19	0.57	2.49
3일	4,216	21	0.50	4.08
4일	3,187	18	0.56	3.02

날짜	페이지뷰	클릭 수	클릭률(%)	예상 수입(달러)
5일	6,746	36	0.53	8.13
6일	5,342	22	0.41	5.91
7일	17,873	212	1.19	38.38
8일	28,822	919	3.19	115.96
9일	24,140	836	3.46	104.12
10일	17,326	639	3.69	68.72
11일	14,790	623	4.21	94.92
12일	18,143	587	3.24	118.2
13일	26,080	580	2.22	80.62
14일	25,679	488	1.90	66.86
15일	15,120	340	2.25	60.95
16일	18,532	490	2.64	90.91
17일	16,530	536	3.24	72.11
18일	13,648	413	3.03	65.55
19일	12,585	432	3.43	72.08
20일	15,600	470	3.01	81.04
21일	18,349	704	3.84	98.45
22일	9,184	312	3.40	41.86
23일	34	0	0.00	0
24일	12	0	0.00	0
25일	28	0	0.00	0
26일	11	0	0.00	0
27일	27	0	0.00	0
28일	8,427	187	2.22	15
29일	11,525	586	5.08	70.94
30일	8,695	250	2.88	36.42
31일	6,960	281	4.04	29.78
합계	354,039	10,014		1,449

12월 23일부터 27일까지는 아예 구글 애드센스를 블로그에서 제거해보았습니다. 대신 애드센스의 빈자리에는 리얼클릭 광고를 넣었습니다.

12월 23일부터 27일까지의 리얼클릭 광고 수익은 다음과 같습니다.

- **23일: 40727원**
- **24일: 22335원**
- **25일: 18484원**
- **26일: 24400원**
- **27일: 18157원**

즉 5일간 평균 24820원을 벌었습니다. 그 전 1주일간 구글 애드센스의 평균 하루 수익인 74.57달러의 1/3 정도 수준밖에 되지 않는 수익인 셈입니다. 그래서 저는 리얼클릭 광고를 애드센스로 교체했고 다시 원래의 수익을 거둘 수 있었습니다.

구글과 동일한 시스템을 가진 리얼클릭의 수익이 이렇게 낮은 이유는 광고의 질이나 단가가 떨어지는 것이 가장 큰 원인이라고 생각합니다. 광고를 많이 유치하지 못하는 리얼클릭 같은 경우는 하루 중 절반 이상이 공백(리얼클릭 자체 광고) 광고였습니다. 반면에 구글 광고 경우는 질 나쁜 포스팅이 아닌 이상은 거의 광고가 꾸준히 나왔기 때문에 사람들의 광고 클릭률이 일단 높을 수밖에 없습니다. 높은 클릭률은 높은 수익을 가져옵니다. 따라서 대부분의 블로거는 다른 광고가 아닌 구글 애드센스를 선택할 것입니다.

구글 애드센스(CPC)와 다른 타입의 광고(CPA) 비교

CPC는 무엇이고 CPA는 무엇인가?

수익성 블로그를 처음 시작하면 가장 먼저 접하는 용어 중 하나가 CPA 방법과 CPC 방법입니다. 저도 처음 블로그를 시작할 때 이 단어에 대해 잘 몰라서 밤새도록 찾아본 경험이 있습니다. 블로그 광고를 하는 방법에는 대표적으로 두 가지 방법이 있습니다.

일단 우리가 잘 알고 있는 CPC 방식에 대해 알려드리겠습니다. CPC 방식은 순수하게 클릭만으로 수익이 발생하는 구조입니다. 구글의 애드센스, 네이버의 애드포스트가 대표적입니다.

또 다른 방식인 CPA 방식은 블로그에 설치한 광고를 통하여 계약된 목적이 이루어졌을 때 돈이 지불되는 방식입니다. 광고를 하고 있는 물건에 대해 해당 소비자가 구매를 하게 되면, 구매 건수당 수익이 생기는 구조로 리더스, CPA, 리더스 UP, 링크프라이스 등이 있습니다.

어떻게 보면 CPC 방식의 수익 구조가 더 쉽지 않냐고 생각할 수 있습니다. 네, 맞습니다. CPC 방식이 CPA 방식에 비해서 그 과정이나 실질적으로 수익을 얻는 과정이 쉽습니다. CPA에 비해서 적은 수익도 적립이 되는 방법이 바로 CPC 방법입니다. 하지만 CPC 방식의 경우 CPA 방식에 비해 단가가 상대적으로 매우 저렴합니다. 클릭당 100원 이하의 금액이 올라가는 경우가 대다수인데 만약 자신의 블로그가 하루 몇천 명에서 몇만 명씩 들어오는 블로그라면 이런 CPC 방식이 효과를 볼 수 있습니다. 아니, 몇백 명만 들어오더라도 적은 금액이 적립되는 것을 볼 수 있습니다.

이렇게 방문객과 방문객의 클릭률에 관심을 가진 것이 CPC 방식이라면, CPA 방식은 방문객의 숫자보다도 포스트의 내용에 더 중점을 두어야 합니다. 아무리 많은 사람들이 들어와 광고를 클릭하더라도 결국 그 광고를 통하여 물건을 판매하지 못 한다면, 해당 포스트과 광고는 실패한 것이 됩니다. 따라서 삽입한 광고를 주제로 포스트를 적었을 때, 그 포스팅을 읽기 위해 들어온 방문객들은 해당 제품에 대해 검색하고 들어왔거나 관심을 갖고 있는 사람들이기 때문에 구매율이 높을 것이라는 것을 감안하고 글을 써야 합니다.

CPC의 경우 단가가 매우 저렴하다고 했는데 CPA의 경우 물건 하나를 팔면 1만~2만 원 또는 4만~5만 원씩 나오기도 합니다. 특히 보험이나 재무설계, 대출과 같은 상품들은 기본적으로 3~5만 원 사이의 수익을 보여줍니다. 돈만 보면 CPA 방식이 좋을 수도 있으나 판매를 한다는 것은 글 솜씨로 방문객들을 설득을 해야하는 과정이기 때문에 자신의 블로그나 자시의 실력이 어떤 방식이 적합한지 잘 분석하여 CPA를 할지 CPC를 할지 신중히 결정해야 할 것입니다.

이 밖에도 다른 광고 종류들이 있습니다. CPC와 CPA를 포함하여 정리하면 다음과 같습니다.

CPC(Cost Per Click)	광고 클릭을 통해 광고 수수료를 지급하는 방식(구글 애드센스)
CPA(Cost Per Action)	광고에 의해 무료 가입, 이벤트, 설문조사 등의 활동을 한 경우 그에 해당하는 수수료를 지급하는 방식
CPS(Cost Per Sale)	광고를 통해 상품구매, 유료 결제, 유료 가입 등을 유도하는 방식
CPM(Cost Per Mile)	광고 노출에 대한 정액제 과금 방식을 적용한 방식
PPI(Pay Per Install)	광고에 의해 프로그램을 설치한 경우 수수료를 지급하는 방식
CPQ(Click Per Query)	광고가 실제로 노출된 요청에 따라 광고비가 책정되는 방식
P4P(Pay Per Performance)	광고 성과에 따른 광고비 지급 방식

가장 일반적인 광고 형태는 CPC, CPA, CPS이며, CPM 같은 경우는 파워블로거들이 기업이나 단체와 계약을 하여 월정액 또는 연간 단위로 계약금 및 수익을 받는 형태로 운영되고 있습니다.

03

방문자와 광고,
두 마리 토끼를 잡아라

구글 광고가 싫어하는 포스트 분석

📕 구글 애드센스를 시작할 때 놓치는 것

애드센스 최적화를 위해 잠시 기초를 다지고 넘어가겠습니다. 구글 애드센스를 처음 시작할 때 놓치는 것이 있습니다. 무엇일까요?

사람들이 무심코 시작하는 블로그, 그리고 그 블로그에 다는 광고들. 그중 가장 높이 쳐주는 광고가 바로 구글 애드센스라는 사실은 다들 알고 계실 것입니다. 그런데 방문객을 늘리기 위해, 아니면 직접 돈을 벌기 위해 포스팅하는 것들 중 구글이 가장 싫어하는 것도 알고 계신가요? 제 경험을 바탕으로 말씀드리겠습니다.

첫째, 광고 수익을 늘리기 위해 유동 IP를 사용한 광고 클릭입니다. 일반적으로 방문객의 광고 클릭 비율은 1~2%, 많게는 3~4%입니다. 하지만 제 블로그는 50%, 많게는 80%까지 나온 적도 있습니다. 구글에서는 의심이 되었는지 꾸준히 경고성 메일을 보내왔고, 결국 제 블로그 및 구글 계정은 사용 중지가 되었습니다.

둘째, 광고 수익을 늘리기 위해 광고 상하좌우에 글 또는 링크 버튼을 붙이는 것입니다. 구글 애드센스는 플래시 게임과 같은 경우 150픽셀로 화면에서 띄우라고 경고하였습니다. 그만큼 게임이나 링크 자료에 대해 구글 광고는 경계심을 가지고 있다는 의미입니다. 저는 링크 버튼을 찾다가 구글 광고를 클릭하는 사람들 덕분에 초반에는 돈을 조금 벌었었지만, 해당 블로그 계정을 중지 당하고 말았습니다.

셋째, 선정성 높은 자료입니다. 이미 여러 번 언급해서 잘 아시겠지만 야한 자료는 금물입니다.

넷째, 제목은 그럴 듯하게 썼지만 내용은 링크만 해놓았을 경우입니다. 해당 블로그는 구글에서 저품질 블로그로 인식하였고, 네이버, 다음, 네이트에서는 검색되지만 구글에서는 검색조차 되지 않았습니다.

다섯째, 저작권 위반 자료입니다. 영화, mp3, 만화책 등과 같은 저작권이 있는 자료를 직접 올리거나, 토렌트 및 마그넷 주소를 이용하여 업로드했을 때 구글은 경고에서 그치지 않고 계정 중지를 시켰습니다.

이처럼 까다로운 이유는 품질이 좋은 콘텐츠에 광고를 게재하는 것이 애드센스의 가장 지향하는 목표이기 때문입니다.

영화계에서는 '굿 다운로더' 캠페인이 유행이죠? 좋은 블로거가 되려면 '굿 업로더'가 되어야 합니다. 포스팅하는 사람들보다는 광고주에 타기팅되어 있고, 광고주를 위한 광고를 하는 것으로 유명한 구글 애드센스이기에 반드시 규칙을 지켜야 합니다.

이것은 애드센스가 문맥 매칭형 광고인 것과 관련이 있습니다. 문맥 광고란 포스트에 나온 반복되는 단어들을 분석하여, 가장 유사한 내용을 광고로 보여주는 것입니다. 따라서 단가가 높은 광고를 달고자 한다면 단가가 높은 단어를 반복해서 쓴다거나 주제로 선택하여 포스팅하는 것이 좋습니다. 그러면 그 포스트에는 단가가 높은 애드센스의 광고가 달릴 확률이 높아지는 것이죠.

하지만 여기서 주의해야 할 점은 단가가 높은 광고는 사람들의 관심이 떨어지거나 많은 사람들이 쓴 글의 주제이기 때문에 방문객 유도가 힘들 수 있다는 점입니다. 이러한 것들을 잘 판단하서서 포스팅해야 합니다.

애드센스는 까다로운 광고입니다. 그만큼 수익은 보장될 수 있습니다. 정책에 잘 따르고 고품질의 글을 써야 합니다.

광고 친화적인 포스팅

광고를 선택하기

광고에 친화적인 글? 블로그를 운영하면서 생각해보신 적 있으셨나요? 없으셨다면 이제는 생각해보셔야 할 때입니다.

블로그에 글을 쓸 때 보통 생각하게 되는 것은 블로그 주제에 맞는 글을 찾는 일입니다. 그다음에는 주제를 조금 세분화하여 포스팅을 시작하죠. 하지만 이것은 보통 블로거들의 생각입니다. 구글 애드센스로 돈을 벌기 위해 여러분들의 생각은 조금 달라져야 합니다.

이미 내 블로그는 구글 애드센스라는 '주제'가 있기에, 그 주제에 모든 것을 맞춰야 하지 않을까요? 따라서 포스팅을 할 때도 '어떤 광고가 구글 애드센스에 의하여 내 포스트에 나타날 것이고, 사람들이 어떻게 하면 그 광고를 클릭할 것인가'에 대한 고민을 해야 할 것입니다.

간단히 정리해볼까요? 우리가 가장 우선시해야 할 것은 방문객 수 증가를 통한 구글 광고의 클릭 수 증가입니다. 따라서 방문객에게 가장 잘 보여줘야 할 핵심적인 부분은 구글 애드센스입니다. 따라서 '구글 애드센스' 자체가 주제가 되는 형태의 글은 정말 최고의 포스트가 되겠죠. 구글 애드센스 포스트를 구분해본다면 다음과 같습니다.

❶ 구글 애드센스가 내용의 주가 되는 포스트
❷ 구글 애드센스 내용이 글의 일부분에 포함되는 포스트
❸ 구글 애드센스 내용이 글과 연관성 있는 포스트
❹ 구글 애드센스와 내용이 연관성 없는 포스트

사람들은 흔히 3번과 4번 같은 포스팅을 주로 합니다. 그럼 수익이 과연 높을까요? 당연히 높을 수 없겠죠.

1번과 2번의 경우 사람들은 글과 광고의 경계를 몹시 혼란스러워합니다. 어떤 사람들은 광고가 마치 글의 주제인 것처럼 느끼고 클릭하게 됩니다. 하지만 3번과 4번 같은 경우는 뚜렷하게 광고라는 느낌이 있기 때문에 많은 사람들이 포스팅을 보고 공감하더라도 광고를 클릭하는 경우는 거의 없습니다. 이 경우 보통 클릭률이 평균 1~2% 사이가 나오게 됩니다. 1번과 2번과 같은 경우 클릭률이 평균 10~30%까지도 나옵니다. 어마어마하죠.

하지만 1번과 2번과 같은 경우는 구글에서 차후에 징계 또는 제재가 들어오기 쉽습니다. 구글은 광고와 글의 경계가 뚜렷한 것을 원하니까요.

지금부터 각 경우를 살펴보겠습니다.

첫째, 구글 애드센스가 내용의 주가 되는 포스트입니다.

많지는 않습니다. 하지만 없지도 않습니다. 보통 구글 광고에 어떤 것이 나올지 우리가 알 수는 없습니다. 하지만 예상해볼 수는 있습니다. 포스트의 주제와 비슷하거나 연관된 광고가 나오기 때문입니다. 구글 광고는 크기에 따라 광고가 정해져 있으며, 자주 보다 보면 일정 주제에 일정한 광고가 나오는 것을 볼 수 있을 것입니다.

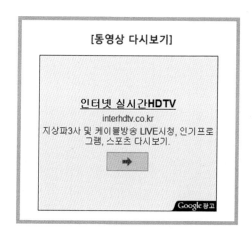

예를 들어 그림과 같이 본문 중 [동영상 다시보기]라는 링크와 관련 내용이 있을 때, 구글 광고 역시 그와 관련된 내용이 나옵니다. '인터넷 실시간HDTV'라는 구글 광고가 마치 '동영상 다시보기'에 해당하는 글로 보이지 않나요? 아마 많은 사람들은 이 문구에 유혹되어 광고를 클릭할 것입니다. 이런 구글 애드센스의 광고를 공략하여 포스팅을 하는 것입니다.

이는 구글 애드센스를 교묘히 클릭하게 하는 방법입니다. 자칫 잘못하면 불법으로 오인되어 구글에 징계를 받거나 계정이 정지될 수도 있는 포스팅 방법입니다.

다른 예로 백신 다운로드 프로그램 및 사이트에 관한 포스트가 있습니다. 구글 광고에 나오는 백신이나 다운로드 프로그램을 공략하여 포스팅을 한 후, 구글 광고를 백신 다운로드 링크 위치와 교묘하게 비슷하게 위치시켜 다운로드 버튼 대신 구글의 광고를 누르게 하는 방법입니다.

예를 들어 메인보드의 드라이버를 찾는 경우를 살펴보죠. 일단 포털사이트에서 'ㅇㅇ메인보드 드라이버 다운'이라고 검색을 하게 되면, 관련된 내용의 글들이 표시됩니다. 상단에 있는 한 블로그를 클릭하여 들어가보니 해당 메인보드 드라이버를 다운로드하고 설치하는 방법에 대해 나옵니다. 하지만 정작 필요한 드라이버를 다운할 수 있는 링크는 보이지 않습니다. 설명을 계속 읽다 보면, 거의 그 모델에 관한 설치 방법이 끝이 나고 마침내 드라이버를 다운로드할 수 있을 것 같은 링크가 보입니다. 그런데 바로 이것이 구글 광고입니다.

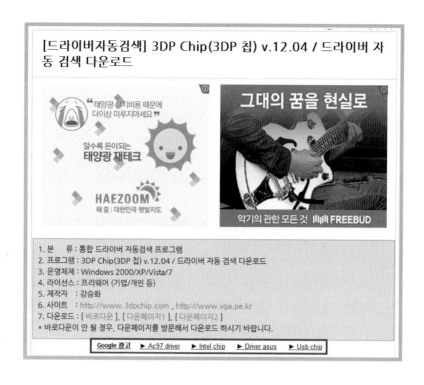

[드라이버자동검색] 3DP Chip(3DP 칩) v.12.04 / 드라이버 자동 검색 다운로드

1. 분   류 : 통합 드라이버 자동검색 프로그램
2. 프로그램 : 3DP Chip(3DP 칩) v.12.04 / 드라이버 자동 검색 다운로드
3. 운영체제 : Windows 2000/XP/Vista/7
4. 라이선스 : 프리웨어 (기업/개인 등)
5. 제작자   : 강승화
6. 사이트   : http://www.3dpchip.com , http://www.vga.pe.kr
7. 다운로드 : [바로다운], [다운페이지1], [다운페이지2]
★ 바로다운이 안 될 경우, 다운페이지를 방문해서 다운로드 하시기 바랍니다.

Google 광고   ▶ Ac97 driver   ▶ Intel chip   ▶ Driver asus   ▶ Usb chip

그림은 진짜 다운로드 링크 아래에 구글 광고를 배치한 예입니다. 메인보드 드라이버에 관한 설명 이후에 바로 구글 광고가 떠 있는 것을 볼 수 있습니다. 'Ac97 driver'나 'Intel chip' 등 밑줄이 쳐진 글씨는 그 드라이버가 필요한 유저의 마음을 심하게 흔들어놓습니다.

이 문구를 읽은 유저는 가차 없이 클릭을 하게 되는데 이때 보통 링크를 타고 들어가는 곳은 십중팔구가 P2P 사이트나 유료 다운로드 사이트입니다. 이렇게 또 한 명의 피해자(?)가 구글 애드센스 클릭에 희생된 것입니다. 따라서 구글은 이러한 광고의 수익이 늘어나게 되면 부정 클릭 또는 저품질 블로그로 낙인을 찍습니다. 심하면 광고 중지 또는 계정 정지의 조치까지 내리게 되니 조심하셔야 합니다.

장단점은 다음과 같습니다.

장점	클릭률이 정말 불이 나게 올라간다.
단점	구글 계정이 정지될 수 있다.

둘째, 구글 애드센스 내용이 글의 일부분에 포함되는 포스트입니다.

첫 번째와 매우 유사한 유형입니다. 하지만 조금 다릅니다. 1번의 경우는 구글 애드센스가 말 그대로 '주인'이 되는 것이고, 이번에는 구글 애드센스와 포스트의 내용인 글이 '친구'가 되는 유형입니다. 구글 애드센스의 광고가 마치 글의 일부인 것처럼 느껴지는 타입으로, 여행 사이트 광고나 패션 및 아웃도어에 관한 글을 포스팅할 때 자주 볼 수 있는 방법입니다. 제가 자주 쓰는 방법 중 하나이기도 하죠.

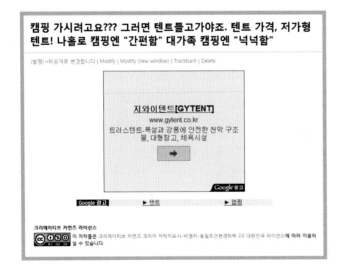

아웃도어에 관한 글을 올리면서 어디 제품 또는 상품을 추천한다고 이야기를 하며 구글 애드센스도 추천 상품 사이에 끼워 넣는 것입니다. 1번과는 달리 직접적으로 광고를 클릭시키는 것이 아니라 광고를 교묘하게 글과 내

용의 일부인 것처럼 느끼게 하는 방법입니다.

장점	클릭률이 상당히 올라간다.
단점	글을 쓸 때 애드센스를 신경 써야 하므로 시간이 많이 소요된다.

셋째, 구글 애드센스 내용이 글과 연관성 있는 포스트입니다.

1, 2번에 비해서 조금 광고 유도성이 떨어지는 방식입니다. 블로거들이 많이 사용하는 방식으로 대부분의 수익형 블로그가 이 형태의 포스팅을 많이 한다고 볼 수 있습니다. 바로 대출이나 자산 설계, 보험에 관한 글을 쓰면서 광고를 보여주는 것입니다. 2번과 비슷하고 광고가 글의 일부인 것처럼 느껴지지만, 직접적으로 연계시키지는 않습니다.

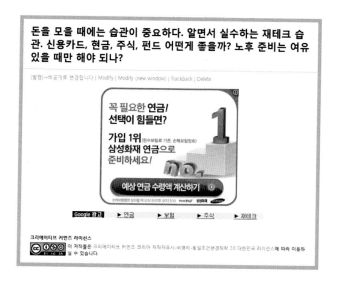

예를 들어 그림처럼 대출, 자산 설계, 보험 광고를 노출하기 위해 그에 맞춰 포스트를 작성합니다. 그러면서 포스트 중간중간 또는 끝부분에 광고 또

는 제휴 사이트의 주소를 직접적으로 링크해놓거나 간접적으로 클릭하도록 유도합니다. 중간에 구글 애드센스를 넣는 것도 잊지 않습니다. 이런 포스트는 구글 광고보다는 자신이 링크한 곳의 클릭률이 더 높은 편입니다. 구글 애드센스는 최우선순위가 아닌 2순위라고 볼 수 있겠습니다.

장점	클릭률이 올라갈 확률이 높다.
단점	다른 링크에 밀려 잘못하면 애드센스의 클릭률이 더 떨어질 수 있다.

넷째, 구글 애드센스와 내용이 연관성 없는 포스트입니다.

대부분의 찌라시 형식의 포스트나 수익용 구글 애드센스에 대한 큰 생각 없이 사회적 이슈나 실시간 검색어 등에 따라 글의 주제를 정하고 포스팅하는 블로거들이 해당되는 항목입니다.

말 그대로 구글 애드센스를 전혀 고려하지 않는 내용을 포스팅하고 그에 따라 랜덤하게 나오는 광고 수익을 말 그대로 랜덤하게 얻는 방식입니다. 현재 제가 생각하기에는 90% 이상의 블로거가 이러한 방식으로 수익을 얻고 있다고 봅니다.

가장 편하면서도, 어떻게 보면 수익적인 측면에서는 가장 미련한 방법이라고 볼 수 있겠습니다. 대부분의 블로거는 이 방법으로 적은 수익을 내고 있습니다.

몇몇 블로거들만이 1번과 2번 방법을 번갈아가며 사용하는 추세입니다. 하지만 여러 개의 멀티블로그를 관리하면서 광고와 포스트의 내용을 하나하나 맞춰나가는 것은 정말 어려운 것이 사실입니다. 이 방법의 장점은 그러한 어려움을 해결해줄 수 있다는 것입니다. 광고마다 단가가 있고 광고마다 타깃으로 하는 방문객이 있지만, 그러한 세세한 것까지 신경을 쓰지 않고, 오로지 자신의 글에만 집중하면 되기 때문에 많은 초보 블로거들이 사용하고 있습니다.

장점	마음 편히 글에 집중하고 많은 글을 빠르게 쓸 수 있다.
단점	방문객 수의 증가 외에는 클릭률을 높일 방법이 부족하다.

이렇게 1번부터 4번까지 구글 애드센스에 관한 포스팅과의 연관성을 살펴보았습니다. 자신이 글을 쓰는 방식을 한번 되돌아보세요. 구글 애드센스에 신경을 쓰면서 쓴 글이 과연 몇 건이나 있나요? 무작정 4번의 방식으로만 글을 쓰셨다면 지금부터 1, 2, 3번의 방식도 한번 생각해보면서 글을 써보는 것은 어떨까요?

02
구글의 한계 테스트

구글 애드센스가 중단당했을 때

▶ 중단당한 구글 광고 다시 달기

처음 애드센스를 신청하고 나서 흔히 겪을 수 있는 문제입니다. 바로 광고가 중단되는 일입니다.

저도 겪었던 일입니다. 암울한 일이죠. 빈 공간이 답답하기까지 합니다. 이 모든 게 구글 애드센스 운영팀이 시킨 대로 하지 않아서입니다.

· ·

안녕하십니까,

현재 귀하의 웹사이트 중 하나가 애드센스 프로그램 정책에 위배되며, 따라서 귀하의 웹사이트에 광고 게재가 중지되었음을 알려드립니다.

문제 ID#: xxxxxxxx

광고 게재가 중지된 웹사이트: http://nacustomer.tistory.com

위반이 발생한 페이지의 예: http://nacustomer.tistory.com/451

필요한 조치: 귀하의 계정에 속한 다른 모든 사이트의 준수 여부를 확인하세요.

현재 계정 상태: 활성

위반 설명

우발적인 클릭을 유도하는 레이아웃: 게시자는 어떤 식으로든 사용자가 Google 광고를 클릭하도록 유도해서는 안 됩니다. 여기에는 플래시 게임 또는 검색창 가까이에 광고를 배치하거나 광고와 사이트 링크를 지나치게 가까이 배치하는 등 우발적인 클릭을 유도하는 것도 포함됩니다.

광고 작동 방식 수정: Google 프로그램 정책에 명시된 바와 같이 게시자는 어떠한 방식으로든 광고 작동 방식을 수정해서는 안 됩니다. 여기에는 각 페이지에 광고 단위를 3개 이상 게재하는 것도 포함됩니다.

필요한 조치

계정의 준수 여부를 확인하세요.

위 사이트에 대한 광고 게재가 중지되었지만 귀하의 애드센스 계정은 여전히 활성 상태입니다. 위의 URL은 예에 지나지 않으며 이 웹사이트의 다른 페이지나 귀하가 소유한 다른 사이트에도 동일한 위반 사례가 있을 수 있습니다. 따라서 귀하의 나머지 사이트가 애드센스 정책을 준수하는지 검토하고 애드센스 팀으로부터 더 이상 정책 이메일을 받지 않도록 적절히 모니터링하기 바랍니다. 또한, 계속해서 위반이 발생할 경우 애드센스 팀이 언제든지 계정을 중지할 수 있습니다.

이의제기

광고 게재 중지에 대해 이의를 제기하려면 도움말 센터(https://support.google.
com/adsense/bin/answer.py?hl=ko&answer=113061)에서 위에 적힌 문제 ID를
사용하여 Google에 연락해봅시다.

협조해주셔서 감사합니다. Google 애드센스 팀

이 내용에 따르면 제가 위반한 내용은 두 개입니다.

❶ 우발적인 클릭을 유도하는 레이아웃
❷ 광고 작동 방식 수정

저는 위반했다고 생각하지 않았지만, 구글에서는 가차 없이 자신들이 정
해놓은 선을 넘었다고 공지를 한 것입니다. 위반했다고 하니 어쩔 수 없지만,
다시는 이런 일이 벌어지지 않도록 조치를 해야겠다는 생각을 했습니다.

일단 우발적인 클릭을 유도했다고 하는 레이아웃을 수정했습니다. 광고를
돋보기 안에 집어넣고 있었는데, 그냥 평범하게 박스 하나 만들어서 그 안에
광고를 집어넣었습니다.

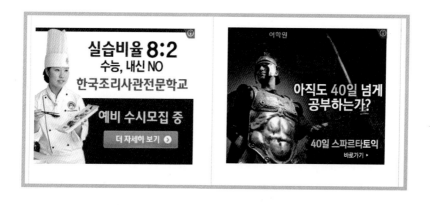

둘째, 광고 작동 방식을 보죠. 한 페이지에 3개 이상의 광고를 넣었다고 하는데, 구글은 광고를 한 페이지에 여러 개를 넣어도 최대 3개밖에 보이지 않아 몰래 구글의 광고 코드를 여기저기에 넣어두었습니다. 그러한 것을 구글이 캐치해낸 것입니다.

처음에는 본문의 상단에 광고를 2개, 본문 하단에 2개, 측면에 2개를 달았습니다. 한 화면에 3개까지의 텍스트 및 이미지 광고가 나타나기 때문에 그이상의 광고를 달게 되면, 남은 광고들은 빈 공간으로 표시가 됩니다. 따라서 저는 이 부분에 대해서는 큰 제재가 없을 줄 알았던 거죠. 하지만 이러한 포스트가 쌓이다 보니 결국 구글에서도 제재를 가하기 시작하였고, 비어 있는 광고들을 삭제하라는 요청과 함께 광고 게시 중지 경고를 받게 되었습니다.

즉 광고가 비어 있게 표시되더라도 구글 측에서는 그 페이지가 많은 사람들에 의해 페이지뷰가 늘어나게 되면 자체적인 검열을 통해 광고 게시자, 즉 블로거에게 징벌적인 제재를 가하는 행동을 하게 됩니다. 한마디로 광고를 중단시키는 것이죠. 이러한 불상사를 사전에 막기 위해서는 모바일 광고와 PC 광고에 대한 사전 계획을 잘 세워서 한 페이지에 광고가 3개 이상 실리지 않도록 배치 및 조치를 취해야만 합니다.

여러분도 저처럼 이렇게 애드센스의 경고에 당하지 않도록 처음부터 기본 문구 잘 지켜서 광고가 중단되지 않도록 하시기 바랍니다.

AdX_{Ad Exchange}가 아닌 이상 구글에서는 한 페이지에 3개 이상의 기본 이미지 및 텍스트 광고를 달지 못하도록 제한을 걸어놓았습니다. AdX란 블로그에서 서비스를 받을 경우 일일 방문자가 2만 명 이상일 때 받을 수 있는 번외적인 구글의 서비스라고 생각하면 됩니다. 구글 애드센스로 돈을 버는 것을 목표로 하신 분들은 블로그가 발전해 일일 방문객이 2만 명 이상일 때 꼭 달아보시기 바랍니다.

구글 애드센스 AdX는 리셀러 제휴사의 광고를 추가 적용한 것으로서 정당한 광고입니다. 보통 이 광고는 4개까지 추가로 달 수 있어서 한 페이지에 총 7개의 구글 광고를 달게 됩니다. 이러한 리셀러사의 광고는 합법적이며, 소스 코드는 구글 애드센스와는 조금 다릅니다. 대형 업체 또는 일일 방문객 2만 명 이상의 대형 블로그의 관리자는 이러한 리셀러 제휴를 이용하는 추세입니다. 보통 광고 수익을 7:3으로 나누어 7은 블로거, 3은 광고 회사가 받는 형태입니다.

구글 애드센스 3개 외에 추가로 4개 더 달 방법은 바로 AdX를 신청하는 것입니다. 미리내닷컴www.mireene.com/index.php?pid=doc_hosting/adx 등에서 신청 가능합니다.

그렇다면 만약 잘못 행동하여 광고가 지워졌을 경우 우리는 어떻게 대처해야 할까요? 구글 애드센스에 자신의 의견과 억울함을 어필하려면 어떻게 해야 할까요? 로그인을 하신 후 구글의 정책 위반 이의신청 support.google.com/adsense/contact/policy_violation_appeal 페이지에서 이의를 신청해봅시다.

이름(구글 가입 시 영문 이름), 이메일, 웹게시자 ID(구글 애드센스 페이지 상단에 표시되는 내 ID), 문제 ID(구글에서 온 이메일에 표시된 ID), 해당 포스트 주소, 마지막으로 구글 프로그램 정책을 준수하기 위해 수정한 내용 등을 적어서 보내야합니다. 마지막 수정 내용은 한글로 적어도 됩니다.

그림과 같이 간단히 적어주세요. 자신의 블로그에 생긴 문제를 한글로 자세히 적고 해결되었다는 것을 알려주시기 바랍니다. 문제가 해결하기 어려울 경우에는 해당 페이지를 삭제하는 것도 좋은 방법 중 하나입니다.

이렇게 제출하면 구글에서 하루에서 이틀 내로 확인해서 로그인 아이디(이메일)로 답장을 보내준다고 합니다. 제출을 한다고 해도 바로 처리되는 것이 아닙니다. 경험상 빠르게 48시간, 길게는 일주일 가까이 걸리더군요.

구글에 의해 광고가 중지당하는 사례

멘붕당하는 광고 중지

그동안 블로그를 운영해오면서 어마어마하게 많은 쪽지를 구글에서 받았던 이야기를 하려고 합니다. 그 대부분의 쪽지는 바로 광고 중지 또는 정지에 관한 내용이었습니다. 앞에서 살펴보았지만 여기에서 광고 중지에 대해 확실하게 살펴보겠습니다.

구글은 자신들의 정책에 위반되면 가차 없습니다. 블로그에 방문객이 하루에 10명이 오든 1천명이 오든 10만 명이 오든 자신의 정책에 어긋난 내용이 블로그에 올라가 있다면 가차 없이 광고를 중지시켜버립니다.

방문객이 늘어나면 늘어날수록 구글은 더욱 엄격하게 그 틀을 적용합니다. 저 또한 그러한 경험을 많이 겪었습니다. 같은 내용이나 비슷한 내용의 글을 올리더라도 하루 방문객이 1천 명일 때와 1만 명일 때, 그리고 5~10만에 가까울 때, 구글의 대응 속도는 현저히 차이가 났습니다. 구글은 방문객이 많으면 많을수록 애드센스의 광고 게재에 관한 내용을 엄격히 적용합니다. 철저히 자신들은 손해를 보지 않으려는 느낌을 받을 수 있죠. 일단 우리는 구글에게 돈을 받는 입장이기 때문에 '갑'인 구글의 말을 잘 들어야 합니다. 슬프지만 우리는 돈을 받는 '을'이니까요. 반드시 지켜야 할 내용을 말씀드리겠습니다. 잘 읽고 반드시 지키기 바랍니다.

첫째, 구글은 성인물에 관해 절대 관대하지 않습니다.

....

정책 위반 발견: 성인용/성적 쾌락
Google 프로그램 정책에 명시된 바와 같이 애드센스 게시자는 성인용 콘텐츠가 포함된 페이지에 Google 광고를 게재해서는 안 됩니다. 여기에는 음란하고 자극적인 포즈나 가슴 등 특정 신체 부위의 클로즈업이 포함된 이미지나 동영상 콘텐츠도 포

함됩니다.

이 정책에 대해 자세히 알아보려면 도움말 센터(https://www.google.com/adsense/support/bin/answer.py?hl=ko&answer=105957)를 참조하십시오.

조치사항: 귀하의 사이트에서 광고 게재 중단

계정 상태: 운영 중
애드센스 계정은 운영 상태로 유지됩니다. 하지만 Google은 귀하의 계정을 언제든지 사용중지할 권리를 갖고 있습니다. Google 프로그램 정책을 숙지하고 이에 근거해 귀하의 네트워크를 모니터링하기 바랍니다.

제가 직접 구글에게 받은 메일 내용입니다. 그렇다고 성적인 내용을 올린 것은 아닙니다. 수영복을 입은 미녀 사진을 올렸을 뿐인데, 구글에서 저렇게 조치한 것입니다.

(출처: www.happy10.co.kr, isplus.joins.com)

수영복은 괜찮지만, '특정 부위'가 확대되거나 자극적인 포즈가 들어 있다는 것이 가장 큰 이유였습니다. 즉 우측 사진 같은 경우가 해당됩니다. 쇼핑몰에 올려놓은 피팅 모델들은 인정해주지만, 블로그에 사진 자료로 쓸 모델들은 인정 불가라는 입장일까요? 구글 입장에서는 광고주들의 이익을 도모한다는 것이 가장 큰 이유입니다.

구글은 자신들의 정책을 블로거가 어겼을 경우에는 2단계로 조치를 취합니다.

- 1단계: 광고 게재 중단, 구글 애드센스 계정 유지
- 2단계: 광고 게재 중단 + 구글 애드센스 계정 중지

이런 과정으로 블로거를 압박합니다. 따라서 1단계일 때, 빨리빨리 구글의 강요에 호응해주어야 합니다. 강하게 나가다가는 손해는 본인이 입게 되니까요.

성인물뿐만이 아닙니다. 둘째, 만화책이 아닌 만화책의 '네타'를 포스팅했을 때 당한 조치입니다. 네타란 스포일러라고도 하는데, 아직 국내에 번역되지 않은 만화책의 내용을 미리 번역해서 올린 것이었죠.

정책 위반 발견: 저작권 등록 자료
Google 프로그램 정책에 명시된 바와 같이 애드센스 게시자는 저작권이 있는 자료의 배포와 연관된 사이트에 Google 광고를 게재해서는 안 됩니다. 여기에는 저작권이 있는 파일을 호스팅하는 사이트뿐 아니라 저작권이 있는 자료가 포함된 사이트로 트래픽을 유도하는 링크를 제공하는 사이트도 모두 포함됩니다.

이 정책에 대해 자세히 알아보려면 도움말 센터(https://www.google.com/adsense/support/bin/answer.py?hl=ko&answer=105959)를 참조하십시오. 애드센스 프로그램에 참여하는 사이트는 독창적이면서도 관련성 높은 콘텐츠를 제공하여 사용

자에게 높은 수준의 가치를 제공해야 하며 자동 생성 페이지 또는 독창적인 콘텐츠가 거의 또는 전혀 없는 페이지에 광고를 게재해서는 안 됩니다. 또한 게시자의 사이트는 탐색이 용이하고 구성이 분명하여 사용자가 손쉽게 사이트의 각 페이지를 탐색하고 원하는 정보를 찾을 수 있어야 합니다. 자세한 내용은 Google 웹마스터 품질 가이드라인을 참조하기 바랍니다(http://www.google.com/support/webmasters/bin/answer.py?answer=66361).

(하략)

- -

많이도 적어주었습니다. 제가 만화책 『원피스』의 네타를 번역해서 올린 글 때문에 벌어진 일이었습니다. 꾸준히 1천~5천 명 사이로 방문객이 왔을 때는 구글에서 별 반응이 없었습니다. 그런데 제 블로그가 네이버 메인에 떠버리는 바람에 하루 방문객이 7만~10만에 육박하는 일이 벌어졌고, 그날 저녁 바로 구글에서 메일이 왔습니다.

결국 제 블로그 전체에 광고가 중단되는 일이 벌어졌습니다. 저는 원피스 네타 번역본을 모두 삭제하였고, 구글에 삭제했다는 글을 보내 3일 정도 후에 광고를 다시 붙일 수 있었습니다. 구글은 언제나 '갑'입니다. '을'인 우리는 언제나 구글의 말에 잘 따라야 합니다.

셋째, 성 건강에 관한 내용입니다.

- -

정책 위반 발견: 성인용/성적 건강 또는 성 관련 조언
Google 프로그램 정책에 명시된 바와 같이 애드센스 게시자는 성인용 콘텐츠가 포함된 페이지에 Google 광고를 게재해서는 안 됩니다. 여기에는 성적 건강 및 성 관련 조언 등의 주제를 다루는 페이지도 포함됩니다.

이 정책에 대해 자세히 알아보려면 도움말 센터(https://www.google.com/adsense/support/bin/answer.py?hl=ko&answer=105957)를 참조하십시오.

요청사항: 72시간 이내에 필요한 모든 조치를 취하십시오. 위에 명시된 시간 이내에 위반사항이 시정되면 광고 게재가 중단되지 않습니다. 필요한 변경을 하지 않거나 검토 과정에서 다른 정책 위반이 발견되면 귀하의 사이트에서 광고 게재가 중단됩니다.

계정 상태: 운영 중
애드센스 계정은 운영 상태로 유지됩니다. 하지만 문제가 계속 발견되면 전체 계정이 사용중지될 수 있습니다. 따라서 네트워크의 다른 페이지를 검토하여 다른 모든 페이지가 Google 정책을 준수하고 있는지 확인하기 바랍니다.

야한 사진을 올린것도, 야한 동영상을 올린것도, 야한 내용을 쓴 것도 아니었습니다. 성적 기능을 향상시키기 위한 방법으로, 우리가 흔히 아는 복분자나 기타 전통 방식에 관한 글을 쓴 적이 있었습니다. 방문객이 적을 때는 아무 문제가 없었습니다. 많은 사람들이 그 포스트를 보고 트래픽의 수치가 늘어나면서 문제가 생긴 것이었습니다. 이렇게 저는 또 광고를 정지당했습니다. 구글은 성적인 내용뿐만 아니라 성 건강에 대한 내용도 싫어한다는 점을 알 수 있었습니다.

또 다른 사건을 살펴보죠. 구글 로고와 관련된 일입니다. 일반 클릭형 애드센스가 아닌 검색용 애드센스에서 'Google'이라는 로고를 떼어버렸던 적이 있습니다.

검색용 애드센스 코드도 수정 못 하나 하는 생각을 가졌지만, 다시 수정해
서 구글에 요청했고 간신히 광고를 살릴 수 있었습니다.

이게 끝일 것 같지만 또 하나 알려드리겠습니다. 저는 정말 블로그에 이것
저것 실험을 많이 해보았고, 많은 이유로 광고 정지를 당했습니다. 아마 광
고 정지하는 동안 못 번 돈이 수백은 될 것입니다.

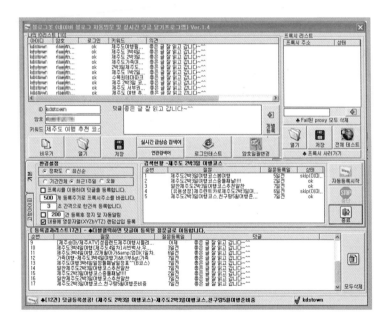

한번은 썼던 글이 호응이 좋아 그림과 같이 블로그봇을 이용해 비슷한 내용으로, 그리고 비슷한 제목으로 글을 남발한 적이 있습니다. 그렇게 하면서 검색엔진 순위를 높이기 위한 여러 방법을 썼습니다. 흔히 말하면 '꼼수'죠. 실제로 인터넷을 찾아보면 이러한 일을 돕는 여러 도구들이 암암리에 돌아다니고 있습니다.

정책 위반 발견: 웹마스터 가이드라인
Google의 웹마스터 품질 가이드라인(http://www.google.com/support/webmasters/bin/answer.py?answer=35769#quality&hl=ko)을 위반하는 페이지에는 Google 광고를 게재할 수 없습니다. 이 가이드라인의 일부 내용을 다음과 같이 알려 드리지만 시간을 내서 전체 조항을 검토할 것을 권장합니다.

- 검색엔진이 아닌 사용자를 위한 페이지를 만들 것.
- 클로킹 또는 사용자에게 알리지 않는 리디렉션을 사용하지 말 것.
- 관련성 낮은 단어로 페이지를 채우지 말 것.
- 내용이 중복되는 페이지, 하위 도메인 또는 도메인을 여러 개 만들지 말 것.
- 사이트의 순위 및 PageRank를 높이는 목적의 링크 전략을 사용하지 말 것.
- 검색엔진을 위해 만들어진 '도어웨이' 페이지 또는 자체 콘텐츠가 거의 또는 전혀 없는 제휴 프로그램과 같은 '쿠키 커터(cookie cutter)' 방식의 사용을 피할 것.
- 검색엔진 순위를 높이기 위해 속임수를 사용하지 말 것. 경험적으로 봤을 때 귀하의 경쟁 웹사이트에 귀하의 행동을 자연스럽게 설명할 수 있다면 문제가 없을 가능성이 큽니다. '내 웹사이트 사용자에게 도움이 될까? 검색엔진이 없어도 이 행동을 하게 될까?' 하고 스스로에게 물어보는 것도 좋은 방법입니다.
- 사이트가 제휴 프로그램에 참여하고 있는 경우 사이트에서 부가가치를 제공하도록 할 것. 고유하면서도 관련성 높은 콘텐츠를 제공하여 사용자가 귀하의 사이트를 우선 방문하도록 동기를 부여하십시오.

(하략)

그랬더니 이번에는 단단히 한 소리 들었습니다. 구글에서는 검색엔진 순위를 높이기 위한 속임수를 사용하지 말라고 경고했습니다. 이번에도 간신히 조치해서 구글 애드센스를 다시 달 수 있었습니다.

마지막 사례를 소개해드리겠습니다. 마지막은 광고 작동 방식에 대해서입니다.

광고 작동 방식 수정: Google 프로그램 정책에 명시된 바와 같이 게시자는 어떠한 방식으로든 광고 작동 방식을 수정해서는 안 됩니다. 여기에는 각 페이지에 광고 단위를 3개 이상 게재하는 것도 포함됩니다.

우발적인 클릭을 유도하는 레이아웃: 게시자는 어떤 식으로든 사용자가 Google 광고를 클릭하도록 유도해서는 안 됩니다. 여기에는 플래시 게임 또는 검색창 가까이에 광고를 배치하거나 광고와 사이트 링크를 지나치게 가까이 배치하는 등 우발적인 클릭을 유도하는 것도 포함됩니다.

해결 방법
페이지 콘텐츠와 관련된 알림을 수신한 경우 사이트에서 해당 콘텐츠를 제거하거나 위반 페이지에서 광고를 제거하세요. 사이트에서 광고가 구현되는 방식과 관련된 알림을 수신한 경우 구현 방식을 적절히 변경하세요. 72시간 후 애드센스 팀이 사이트를 자동으로 다시 검토합니다. 필요 조치에 따라 변경한 경우 애드센스 팀에 따로 연락하지 않아도 됩니다. 요구된 시간 내에 변경하지 않을 경우 위에 표시된 해당 웹사이트에 대한 광고 게재가 중지됩니다.
또한, 위의 URL은 예에 지나지 않으며 이 웹사이트의 다른 페이지나 귀하가 소유한 다른 사이트에도 동일한 위반 사례가 있을 수 있습니다. 애드센스 팀으로부터 더 이상 정책 경고를 받지 않도록 귀하의 모든 사이트의 준수 여부를 확인하기 바랍니다. 애드센스 정책 경고 알림에 대한 자세한 내용은 도움말 센터(https://support.google.com/adsense/bin/answer.py?hl=ko&answer=1378153&ctx=topic)를 참조하세요.

광고를 클릭하도록 만드는 게 우리의 목적이지만 구글은 우발적으로라도 "눌러주세요"라고 말하면 안 된다는 것입니다. 광고는 확실하게 '광고'라는 표시를 해주어 방문객에게 인지를 시켜주라는 것입니다.

'아, 그러면 누가 광고를 눌러!'라고 생각하시겠지만 어쩔 수 없습니다. '갑' 인 구글이 '을'인 우리에게 가이드라인을 제시해준 것이기 때문입니다.

여기까지 제가 실제 겪었던 구글 광고 중지 사례들이었습니다. 간단히 줄여서 결론만 말씀드릴게요.

❶ 성인 사진, 동영상: 수영복 정도는 괜찮으나 특정 부위를 강조하거나 지나치게 선정적이면 안 된다.
❷ 성적인 내용이나 성에 관한 이야기: 구글은 '성'스러운 이야기를 싫어한다.
❸ 저작권이 있는 자료: 특히 만화책, 영화, 드라마, 음악 등, 저작권이 있는 자료는 철저히 피해야 한다.
❹ 구글 브랜드의 노출: 한마디로 소스 수정은 금물
❺ 검색엔진 순위를 높이기 위한 속임수: 제목과 관련성 높은 내용을 쓰고, 비슷한 내용으로 여러 포스팅을 하면 구글은 싫어한다.
❻ 3개 이상의 광고, 광고 눌러달라는 구걸은 금지

다른 광고로 대체하기

📘 구글 애드센스가 안나올 때, 당황하지 말자!

갑자기 구글 애드센스가 안 나오고 백지로 나오는 경우 있으시죠? 구글 애드센스 운영을 하다가 보면 간혹 빈칸 또는 배경 색깔만 나오는 경우가 있습니다. 이제 그러한 공백이나 배경 색깔만 나올 때 다른 광고로 대체하는 방법을 알려드리려 합니다.

가끔 보면 구글 애드센스에 공익광고가 나오거나 비어서 나올 때가 있습니다. 가뜩이나 광고 수익도 별로 없어 답답해죽겠는데 쓸모도 없는 공익광고가 자꾸 나오면 화가 나게 되지요.

공익광고가 대체 왜 자꾸 나오는지 이유도 잘 모르시는 분들이 계실 것입니다. 특정 단어를 사용하게 되면 구글 광고는 공익광고로 대체되어 나오게 됩니다. 또한 내가 쓴 글에 대해 구글이 광고하는 것들과 매칭이 제대로 되지 않을 때도 역시 공익광고나 공백 페이지가 나오게 됩니다. 다른 사람의 글 전문을 스크랩하여 자주 발행하여도 구글 애드센스가 공익광고 또는 공백으로 대체되기도 합니다.

보통 우리가 글을 쓸 때 사용하면 안 되는 단어들을 쓰게 되면 구글 광고가 나오지 않고 공백이나 공익광고가 뜨게 됩니다. 따라서 이러한 단어를 쓰지 않음으로써 가장 간단하게 해결할 수가 있습니다. 예를 들어 섹스, 향정신성 불법 약품(마약, 대마초), 사람을 해하는 단어(살인, 죽음)와 욕설 등 퇴폐 음란 단어들이라고 보면 됩니다.

저는 남성을 타깃으로 한 내용을 적을 때 조금 자극적인 단어를 사용하기 때문에 처음 10분 정도는 구글에서 공백 페이지가 되는 경험을 자주 해보았습니다. 이럴 때 저는 구글 광고 대신 대체 광고를 넣습니다.

리얼클릭이라는 국내 광고입니다. 리얼클릭의 좋은 점은 수익을 계좌로 바로 넣어준다는 것과 기업은행까지 안 가도 된다는 것입니다. 무엇보다도 구글에 비해서 광고의 수위가 낮지 않습니다. 높은 수위의 포스팅도 광고를 달아준다는 말이죠.

다만 수익률이나 광고 단가가 구글 애드센스에 비해 1/5 정도로 낮고, 리얼클릭 같은 경우에는 광고주를 많이 찾지 못해서 비어 있거나 리얼클릭 자체 광고를 하는 경우가 많기 때문에 구글 애드센스에 비해 큰 수익을 얻지 못한다는 점이 아쉬울 따름입니다. 하지만 구글 애드센스가 빈 광고나 공익광고로 나올 때 대처할 수 있는 광고로는 이만한 광고도 없다고 생각합니다.

160

물론 리얼클릭 말고도 따로 가입하신 광고 사이트가 있다면 그 광고를 다셔도 무방합니다. 군이 리얼클릭을 고집하지 마시기 바랍니다.

방법은 조금은 복잡해 보이지만 직접 해보면 단순합니다.

일단 구글 애드센스 이외의 타 광고 사이트에 가입합니다. 그리고 그 사이트의 광고 소스를 복사하여 메모장에 붙여넣기합니다.

메모장에서 파일을 저장하되, 파일명은 공백 없는 영어로 정하고 뒤의 확장자는 .html로 지정합니다. 메모장에서 그냥 저장하면 확장자가 .txt가 되는데 이것을 .html로 바꿔주면 됩니다. 예를 들어 저는 상단 대체 광고는 'sang1.html', 하단은 'ha1.html' 이런 식으로 단순하게 파일명을 정했습니다.

이제 저장한 파일을 티스토리에 업로드합니다. '관리자 모드〉꾸미기〉HTML/CSS 편집'에서 상단의 [파일업로드]를 클릭하고 위에서 저장한 html 파일을 클릭하여 업로드하면 됩니다.

　방금 업로드한 대체 광고의 주소를 찾아야 합니다. '파일목록' 화면에서 방금 올린 대체 광고 파일을 오른쪽 버튼을 클릭하고 가장 아래의 '속성' 메뉴를 클릭합니다.

　이 속성 창에서 가운데 부분에서 주소(URL)를 알 수 있습니다. 이 주소를 복사해서 메모장 등에 적어놓습니다. 주소에서 '?' 뒷부분은 복사해도 되고 안 해도 됩니다.

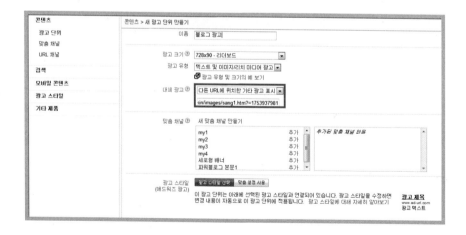

이제 구글 애드센스에 접속하여 대체 광고를 적용하면 됩니다. 구글 애드센스에 로그인하고 '내 광고〉콘텐츠〉광고 단위〉새 광고 단위 만들기'의 경로로 들어갑니다.

중간의 '대체 광고' 목록을 클릭하고 '다른 URL에 위치한 기타 광고 표시'를 선택합니다. 그러면 아래에 주소를 넣는 칸이 나옵니다. 이때 티스토리에 올린 파일의 주소를 붙여넣기한 후 하단의 [저장]을 누르면 완료됩니다.

복잡하신가요? 직접 해보시면 전혀 그렇지 않다는 것을 아실 겁니다. 글을 포스팅할 때에 안 좋은 단어라는 사실을 인식은 하지만 글의 특성상 사용을 안 하면 안 되는 단어이기에 사용할 수밖에 없어 어쩔 수 없이 사용하게 되는 경우가 있습니다. 그럴 때 광고가 안 나온다면 속상하겠죠? 마냥 기다리기만 할 수는 없죠. 그럴 땐 과감하게 대체 광고를 쓰는 것이 좋습니다.

제 블로그 글들을 보시면 사용하면 안 되는 단어들이 많이 포함되어 있는 포스팅이 간혹 있습니다. 이러한 글들은 구글 애드센스 자리에 공익광고가 나와야 하지만 저는 간단한 설정으로 공익광고 대신 대체 광고로 리얼클릭이나 링크프라이스 등의 광고가 나오게 해놓았습니다.

여러분도 자신이 원하는 대체 광고 또는 링크로 넘어가도록 설정해놓으신다면 보다 많은 수익을 얻는 기쁨을 누리실 수 있을 것입니다. 작은 것 하나 놓치지 않는 블로거가 되시기 바랍니다.

공익광고(좌)와 리얼클릭으로 대체한 광고(우)

개인 블로그와 대형 커뮤니티는 다르다

개인 블로그에는 엄격한 구글

사실 선정적인 제목을 이용한 성인물에 가까운 포스팅을 하면 방문자를 효과적으로 모을 수는 있습니다. 수많은 블로거가 이러한 방법을 이용하고 있기도 합니다.

그러나 이러한 방법의 문제는 앞에서 말했듯 구글에 의해 저품질 '성인물' 블로그로 낙인찍힐 수 있다는 점입니다. 이로 인해 광고를 중단당하는 블로거들도 종종 생기고 불만을 털어놓기도 합니다.

사실 이러한 블로거들의 불만은 '다른 대형 커뮤니티들에는 매일마다 선정적인 정보가 올라오는데 왜 내 블로그만 문제를 삼는가?'와 같은 것이기도 합니다. 우리나라 대형 커뮤니티인 디씨(디시인사이드), 오유(오늘의 유머), 일베(일간베스트) 등에서도 구글 애드센스를 노출하고 있습니다. 이러한 사이트들의 특징은 특정 여자 연예인 또는 특정 화보, 방송, 플짤(플래시 짤방) 등의 선정적인 것들이 매일 수없이 올라온다는 것입니다. 아마 국내 대형 커뮤니티 중 이런 내용이 매일같이 안 올라오는 커뮤니티가 없을 겁니다. 당장 일베만 들어가봐도 대부분이 성인 이야기입니다.

구글이 싫어하는 선정적인 낚시 포스트

블로거들의 글을 검색해보면 비키니 플짤 등에 대한 구글 애드센스 계정 중지에 대한 많은 글들이 있는데, 그와 반대로 저런 대형 커뮤니티는 거의 계정 중지를 당하지 않습니다. 과거 계정을 중지당해 법적으로 소송을 건 곳으로 웃긴대학이 있긴 있었죠.

이러한 대형 커뮤니티에는 하루에도 수백 또는 수천 건이 이런 글일 텐데 구글 애드센스가 정지당하지 않는 이유가 뭘까요? 이런 의심을 가진 분들이 분명 있을 것입니다. 구글 애드센스 팀은 모니터링을 통해 광고 가능 여부를 판단하고, 광고를 중지시키고 있습니다. 즉 성인물을 올린다고 해서 곧바로 중지되는 것이 아닙니다. 성인 콘텐츠가 그 사이트의 주 콘텐츠가 아닌 이상은 어느 정도 시간을 준다는 것입니다. 모니터링을 놓친 글이더라도 애드센스 측에서 성인물 링크를 삭제하라고 메일을 보내면 그 후 삭제 조치를 취하면 됩니다.

즉 일반 블로그와 대형 사이트는 구글 애드센스의 잣대가 조금 다르다는 것을 알 수 있습니다. 일반 블로그보다 덜 엄격한 편이죠. 사실 유입 인원과 인터넷 비즈니스를 조금 아신다면 'PV=돈'이라는 것을 깨달을 수 있습니다. 일베, 오유, 디씨와 같은 커뮤니티 사이트는 국내 웹사이트 순위에서 방문자 수가 매우 높은 상위권 사이트입니다. 구글로서도 놓치기 아쉬운 AD 퍼블리셔인 것입니다. 보통 이러한 사이트 같은 경우에는 서로 광고를 달기 위해 광고주나 중계 업체가 로비를 치열하게 하고 접촉하려고 합니다. 그런데 알아서 구글 애드센스를 달고 있다는 것은 구글에 있어서 엄청난 효과가 아닐 수 없습니다. 따라서 어느 정도 완화 조치를 안 할 수 없죠.

또한 일베, 오유, 디씨 같은 사이트의 클릭 수에서 이어지는 구매력이 높기 때문에 구글에서 융통성을 발휘하여 느슨한 규제를 하고 있지 않을까 생각합니다. 구글에서 일일 방문객이 어느 정도 오지 않는 블로그나 웹사이트 같은 경우, 특히 클릭률과 구매율이 떨어지는 사이트일 경우 어느 정도 제재를 취하기도 합니다. 단가를 낮추든지 아니면 광고 파트너 해지를 할 수 있다는 이야기입니다. 아무리 정상적인 사이트에서 애드센스를 이용한다고 해도 광고주들에게 돈이 안 된다면 바로 파트너 관계를 해지할 수 있습니다. 하지만 일베, 오유, 디씨와 같은 대형 사이트는 구매 전환율이 높아 약간의 성인물이 있더라도 구글이 납득하고 넘어가는 거죠.

02 콘텐츠 생산법

낚시글도 기술이다

메인만 고집하지 말자

많은 사람들은 블로그를 개설하고 카테고리를 만들 때 주제와 내용에 대해 생각합니다. 나아가서 광고와 사진, 그리고 동영상의 위치에 대해서도 고민을 하죠. 그럼 여기서 질문하겠습니다. 당신은 누구에게 블로그를 보여주실 예정이신가요? 어른? 아이? 아니면 남자? 여자? 아마 블로그의 주제만 생각했지 여러분은 누구에게 보여줄지 타깃을 정하지 않으셨을 겁니다.

　제가 개설한 블로그 중 1개는 처음에 '아웃도어나 패션복을 구매하는 고객'을 타깃을 정했습니다. 옷이라는 큰 주제를 놓고, 데이터를 모아 정보로 만들어 고객에게 전달하고자 했던 것입니다. 기본 주제는 '패션, 브랜드 및 아웃도어'였고, 기본 주제를 바탕으로 카테고리를 만들었습니다. 그리고 주 타깃 연령층인 25~50세의 남성과 여성들이 흥미를 보일 만한 공통의 주제를 찾기 시작했습니다. 그것은 바로 스타들의 이슈와 뒷 이야기, 즉 증권사 찌라시였고 그러한 글을 100% 활용하여 방문객에게 전달했습니다. 반응은 뜨

거웠습니다. 그러한 증권사 찌라시에 열광하는 25~50세 여성들과 남성들은 검색엔진을 통해서 들어왔고, 아웃도어와 패션에 관한 글들까지도 읽기 시작했습니다.

여러분들의 카테고리는 어떠신가요? 혹시 카테고리 하나하나가 모두 메인 주제는 아닌가요? 블로그는 포털사이트가 아닙니다. 하나의 큰 주제가 있다면, 그 주제를 서브해줄 보조 주제들을 만들고 함께 운영을 해야 시너지 효과를 얻을 수 있습니다.

포털사이트 같은 경우는 수많은 주제를 찾는 수많은 사람들이 있기에 '공급'과 '수요'라는 두 가지가 만족됩니다. 하지만 개인이 운영하는 블로그는 역부족입니다. 작은 주제로 최대의 효과를 얻어야 하는 것이죠. 그래서 큰 주제 1개와 작은 주제 몇 개로 구성하는 것이 일반적입니다. 이러한 '메인＋서브 주제'라는 형태는 잠재된 방문객을 끌여들여 더 높은 카운터를 올릴 수 있는 계기를 만들어주게 됩니다.

흔히 이러한 방법을 '낚시'라고 표현을 많이 합니다. 제 블로그도 10% 정도는 메인 주제인 '패션&아웃도어'로 들어오며, 20%는 세컨드 주제인 '블로그로 부자되기'로 들어오고, 나머지 70%는 낚시글을 읽기 위해 들어옵니다.

블로그에서 낚시글의 비중은 대단히 중요합니다. 수익과 직결되기 때문입니다. 구글 애드센스의 장점은 어떤 포스팅이 되었든 클릭과 노출로 수익이 증가합니다. 낚시글이든 정보글이든 구분하지 않습니다. 다만 글의 퀄리티와 내용에 따라 광고의 종류가 달라진다는 것은 유의하시기 바랍니다.

구글 애드센스의 이러한 장점을 100% 활용하셔야 합니다. 메인글보다 낚시글로 더 많은 수익을 얻을 수도 있습니다. 주의하셔야 할 것은 낚시글에도 퀄리티가 필요하다는 것입니다. 저렴하게 보이면 블로그의 질이 떨어져 오히려 고정 방문객을 놓칠 수 있습니다. 따라서 정말 건전하고 질 좋은(?) 낚시글을 쓰셔야 합니다. 스포츠, 여행, 음식이 좋은 예입니다. 보통 메인 주제로 쓰지만 서브 주제로도 손색이 없습니다.

스포츠, 특히 야구를 메인으로 했던 제 블로그 역시 야구 시즌이면 수많은 방문객으로 불이 났습니다. 당연히 야구 정보를 얻기 위한 방문도 있었지만 낚시글로 더 많은 방문객이 찾아와주었고 그 비율은 30% 정도를 차지했습니다. 하루에 1만 명, 한 달에 30만 명으로 가정해본다면 한 달 수익은 약 100만 원이 나옵니다.

그렇다면 낚시글과 메인글의 수익이 동일하냐고 물으실 수 있습니다. 대답은 '아니오'입니다. 보험, 스포츠 용품, 뷰티 상품 등을 메인글로 많이 하고, 낚시글 주제로는 사랑과 연애, 스타, 드라마나 영화로 많이 합니다. 광고 단가는 메인글이 조금 더 높은 편입니다. 왜냐하면 그 주제와 관련된 광고가 뜨기 때문이죠. 하지만 구매 확률 및 클릭률을 무시할 수 없습니다. 낚시글의 광고로 많이 뜨는 옷이나 기타 쇼핑몰 광고, 학원 광고들은 구매 확률이 높습니다.

메인 주제만으로 방문객을 늘리는 데는 한계가 있습니다. 물론 메인 주제만 끝까지 밀고 나간 블로거는 많지만 성공한 블로거는 1%도 안 됩니다. 처음에 블로그를 키울 때에는 반드시 메인을 보좌하는 서브 카테고리를 만들고 방문객을 유도해보세요. 블로그를 성공시키는 1등 요인이 되어줄 것입니다. 낚시도 기술이라는 것, 잊지 마세요.

실시간 검색어를 활용하자

🔲 실시간 분위기 읽기

네이버와 네이트, 다음의 실시간 검색어를 보면 공통적으로 올라가는 글이 보일 것입니다. 만약 3개의 포털사이트 중 1개라도 5위권 이내에 순위를 올린다면 그날 방문객은 1만 명은 훌쩍 넘는다는 것이 저의 생각입니다.

'나로호 발사 동영상'을 예로 들겠습니다. 이러한 유명 주제는 티스토리보다는 네이버 블로그에 쓰는 것이 훨씬 유리합니다. 나로호 발사 당시 대형 포털사이트에서는 일제히 발사 성공을 축하하는 분위기였습니다. 그래서 저도 축하하는 포스트를 썼습니다.

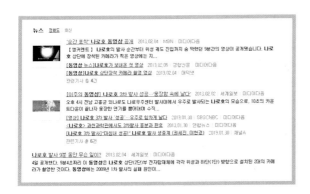

첫 번째로 해야 할 것은 네이버, 네이트, 다음 등의 포털사이트에서 해당 주제에 대한 기사를 읽고 그 주제에 대해 명확하게 파악하는 것입니다. '나로호'를 검색하니 성공을 축하하는 기사가 많았습니다. 그래서 둘째, '나로호 성공'을 주제로 선정했습니다.

셋째, 글만 올리면 심심하니 이미지도 함께 첨부합니다. 구글에서 나로호 발사 이미지를 검색했습니다. 넷째, 해당 주제의 기사를 스크랩한 후 정리했습니다.

다섯째, 동영상이 있다면 함께 링크하는 것도 좋은 방법입니다. 저는 SBS 뉴스 동영상을 링크시켰습니다.

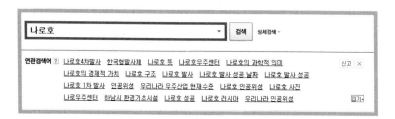

여섯째, 연관검색어를 네이버, 다음, 네이트 등에서 모두 찾아 적어놓습니다. 갑자기 글을 쓰려고 하면 어려울 수 있습니다. 이런 연관검색어를 참고해서 글을 쓰는 것도 하나의 방법이며, 태그에도 입력하면 검색에도 유리해지겠죠?

일곱째, 이제 포스팅을 하기 위해 글을 씁니다. 주제는 '나로호 성공 동영상 보기'입니다. 내용은 '나로호에 대한 스크랩 정리', '성공 사진 5장 이상', '발사 동영상 첨부', '나로호 발사에 대한 생각', '연관검색어 태그에 입력'로 구성했습니다. 만약 제목이 짧다면 남는 공간에 연관검색어를 씁니다.

여덟째, 발행 상태와 광고 배치를 확인합니다. 본문 내부의 구글 애드센스 광고는 동영상을 넣을 경우 동영상의 앞이나 뒤에 바로 넣어주는 것이 좋습니다. 방문객이 동영상을 보면서 애드센스를 보거나 클릭할 확률이 높기 때문입니다.

아홉째, 마지막 단계입니다. 발행하시면 됩니다.

이와 같은 순서로 발행한 저의 포스트 순위는 어땠을까요?

많이 본 글 ⑦

성공,나로호 발사 동영상,**나로호 동영상**,나로호 발사 장면
나로호,나로호 발사,나로호 발사 성공,**나로호 동영상**,나로호 발사 동영상,나로호 발사장면,나로호 성공 말도 많고 탈도 많았던... 우리나라 첫 우주발사체 "나로호" 드디어 발사되었습니다. 여기저기서 환호와 축하의 메세지가 날라다니네요...
블로그 | 나는 고객이다 | 2013.01.30

▶**동영상 나로호 중계, 나로호 3차발사 생중계**
나로호 중계, 나로호 3차발사 생중계 ▶동영상-나로호 중계 우리나라 최초 우주발사체 '**나로호**' 발사시각이 오후 4시로 확정되면서 전남 고흥 일대는 긴장과...
블로그 | iYouTube | 2013.01.30

☆**나로호(동영상)** ☆
나가있는 취재기자 연결합니다. 계훈회 기자! 이번이 벌써 **나로호** 발사 3번째 ... 출처: 미디어다음 **동영상**
02:11 77098485"http://www.pandora.tv/channel...
블로그 | (淸明堂)맑고 밝은이의 집 | 2013.01.30

블로그

발사 성공,나로호 성공,날로호 발사 동영상,**나로호 동영상**,나로호 발사 장면   2013.01.30
나로호,나로호 발사,나로호 발사 성공,**나로호 동영상**,나로호 발사 동영상,나로호 발사장면,나로호 성공 말도 많고 탈도 많았던... 우리나라 첫 우주발사체 "나로호" 드디어 발사되었습니다. 여기저기서 환호와 축하의...
nacustomer.tistory.com/665   나는 고객이다

[**나로호 발사 성공**] **나로호** 발사 동영상 / **나로호** 발사 / **나로호** / 나로...   2013.01.30
나로호 발사 동영상 / **나로호** 발사 / **나로호** / **나로호** 발사장면 / **나로호** 중계 국민여러분을 마음졸이게 한 **나로호**! 드디어 발사가 성공했다는 소식이 들어왔습니다. **나로호** 발사 100초 카운트 다운 **동영상** 한번 보실까요...
blog.naver.com/gusqo716/20177760825   천우의 유쾌한 일상..

2013년 2월을 기준으로 다음에서 제 글이 첫 번째로 노출되고 있었습니다. 방문객이 많았던 것은 당연하겠죠?

블로그를 할 때 기본만 지킨다면 포털사이트의 상위에 오르는 일은 자주 경험할 수 있습니다. 특히 티스토리 블로그를 사용하신다면 네이버보다는 다음에서 상위에 위치할 확률이 높습니다. 네이버는 같은 주제와 비슷한 형식의 내용이라면 네이버 블로그에 더 높은 점수를 주기 때문이죠.

하지만 저처럼 실시간 검색어를 공략하는 것이 아닌 전문 분야를 공략해서 앞의 방법으로 포스팅하신다면 네이버 블로그에서도 높은 점수를 얻을 수 있습니다.

키워드 활용 전략

📋 핵심 단어를 파악해 검색엔진에 최적화된 콘텐츠 만들기

아마 많은 분들이 어떻게 포스팅 노하우에 대해서 고민을 하실 텐데요. 전문 가는 아니지만 저만의 포스팅 방법이 있어 알려드리려고 합니다. 글을 쓸 때 망설여지거나 한참을 고민하시는 분들, 주제 선정에서 고생하시는 분들이 있다면 제 방법을 참고해보시기 바랍니다.

저는 세 가지로 나누어 포스팅을 합니다.

❶ 내가 좋아하는 전문 분야
❷ 신문이나 웹 서핑을 하다가 마음에 든 주제
❸ 실시간 검색 순위 높은 것 중 하고 싶은 내용

1번은 말 그대로 전문 분야에 대한 포스팅으로 어느 정도 주제를 잘 이해하고, 비판할 줄 알아야 하며 칭찬 및 분석까지 할 수 있는 능력을 기르셔야 합니다. 저는 야구 시즌에 경기를 보고 선수 분석 및 그날 게임에 대한 포스팅을 주로 했습니다. 2번은 신문 및 웹 서핑을 자주 하시는 분들에게 권해드리는 방법입니다. 여러 기사나 포스팅을 보다가 뇌리를 스치는 주제를 발견

할 때 즉시 사용하기 바랍니다.

이제 3번을 보겠습니다. 현재 이슈가 되고 있는 키워드를 활용해서 글을 쓰는 방법이 있습니다. 네이버, 네이트, 다음 등의 실시간 검색어를 이용하거나 핫토픽 키워드, 직장인 인기검색어 및 연관검색어 등을 이용하여 작성하면 됩니다. 일반적으로 많은 블로거들이 실시간 검색어를 이용합니다. 글을 쓰고 나서 바로 그 결과를 알 수 있기 때문에 이용하는 사람들도 많지만, 흔히 말하는 대박(검색엔진 첫페이지에 자신의 블로그가 올라가 있는 현상)을 맞은 경우 일일 방문객이 기하급수적으로 늘기 때문이죠. 하지만 순식간에 방문객이 늘어난 만큼 순식간에 줄어들기 때문에 이 방법은 다른 방법과 적절히 섞어서 사용해야 합니다. 바로 네이버 블로그의 핫토픽 키워드를 사용하는 것입니다.

네이버는 핫토픽 키워드를 일자별, 시간별로 나누어 배치해놓고 있습니다. 향후 네이트, 다음 및 줌과 같은 포털사이트에도 적용될 확률이 높습니다. 이러한 방식으로 배치해놓았기 때문에 오늘 날짜에 올라온 핫토픽 키워

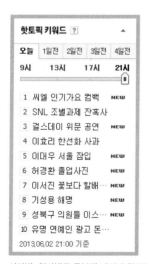

시간별, 일자별로 구분된 네이버 핫토픽 키워드

드를 주제로 블로그에 포스팅을 한다면, 최소 4일 동안 내 글이 네이버 및 기타 포털사이트에서 핫토픽 키워드를 검색할 때마다 사람들이 찾아줄 가능성이 높습니다. 실시간 검색어에 비해서 지속 시간이 길다고 할 수 있죠.

핫토픽 키워드를 활용해서 주제를 정했다면 서브 주제 및 연관된 단어들을 조합하여 자신만의 콘텐츠를 만들어야 합니다.

예를 들어 가수 '싸이'를 주제로 글을 쓰려고 했다고 하죠. 그 주제가 한정된 것 같지만 상당히 넓게 포괄하고 있습니다. 노래를 파고 들 것인지, 뮤직비디오를 분석해서 글을 쓸 것인지 다시 고민해야 합니다. 이런 과정을 줄여주는 것은 연관검색어와 실시간 검색어입니다.

연관검색어를 통해 주제를 좁혀나가고, 실시간 검색 및 SNS 검색 등을 통하여 현재 '싸이'라는 단어에 사람들이 가장 관심 있어 하는 서브 주제를 찾아 하나의 글을 써야 하는 것입니다. 실시간 검색이 많다는 것은 그만큼 사람들의 관심이 높다는 것을 의미합니다.

저는 포털사이트에서 검색한 후 뉴스에 나온 최근 내용과 SNS의 내용을 조합하여 서브 주제를 정하고 포스팅합니다. 큰 주제로 막연히 포스팅하기보다는 '메인 주제＋자신만의 핵심 단어(서브 주제)'를 조합하여 글을 작성하는 것을 권해드립니다.

3S 정책을 아시나요?

스포츠(Sports), 섹스(Sex), 스크린(Screen)을 기억하라

'3S 정책'이라고 들어보셨나요? 3S 정책은 정부에 대한 불만이나 정치·사회적 이슈에서 국민의 시선을 돌리기 위해서 시행하는 정책입니다. 우민화 정책이라고 할 수 있죠. 과거 스포츠Sports, 섹스Sex, 스크린Screen을 많이 이용해서 머리의 첫 글자를 따 '3S 정책'이라고 합니다.

갑자기 왜 이 야이기를 하는지 궁금하실 수도 있습니다. 바로 블로그에도 적용할 수 있기 때문입니다. 이는 가장 많은 이슈를 불러올 수 있는 내용입니다.

물론 블로그의 주제를 섹스로 잡을 수는 없습니다. 구글 광고는 섹스가 주제인 블로그를 철저하게 차단하고 있거든요. 따라서 여러분은 스포츠와 스크린이라는 이슈를 주로 활용해야 합니다. 섹스라는 주제도 직설적으로 활용하는 것보다는 우회적으로 활용한다면 상당히 많은 방문객을 자신의 블로그로 끌어들일 수 있기는 합니다. 하지만 차단당할 위험이 있으니 스포츠와 스크린이 주가 되어야 한다는 사실 잊지 마세요!

그럼 3S정책에 대해 어떤 식으로 포스팅하면 좋을까요?

먼저 스포츠를 살펴보겠습니다. 야구, 축구(해외축구), 농구NBA 등의 구기 종목이 인기가 많습니다. 특히 야구는 600만을 넘어 700만 관중의 시대가 되었습니다. 1천만 관중이 도래하는 날도 머지 않은 것 같습니다. 구기 종목 중에서도 강력히 추천하는 주제가 바로 '프로야구'입니다.

　그다음 스크린입니다. 주로 영화, 영화배우, 영화 장르에 대해서 포스팅을 하면 됩니다. 2012년 1억 명 이상의 관객이 영화관을 찾았다고 합니다. 그만큼 많은 사람이 영화에 관심을 가지고 있습니다. 매일 한 편씩 영화에 관한 글을 쓰고, 영화에 관련된 사건이나 내용 또는 영화배우에 대해 글을 써보는 것은 어떨까요? 저 역시 지금도 영화나 영화배우에 대한 글로 방문객을 유도하고 있습니다. 스포츠와 달리 전문적인 지식이 없더라도 쉽게 접근할 수 있다는 장점이 있습니다.

마지막으로 섹스입니다. 단 성적인 내용을 뺀 여성에 대한 이야기를 주로 하는 것이죠. 너무 적나라하게 적어서는 안 됩니다. 사진을 넣더라도 미성년 자도 볼 수 있는 사진을 쓰고, 내용을 적을 때도 직설적인 내용이 아닌 약간 은 우회적이며, 은유적인 내용으로 쓰면 됩니다. 물론 그 행위를 적으라는 것이 아닙니다. 섹시한 배우에 대해 쓰는 방법도 있고, 섹시한 여자가 되는 방법과 같은 성적이면서도 건전하게 글을 쓸 수 있는 방법은 무궁무진 합니다.

콘텐츠 성격에 따른 포스트의 양 조절하기

시간 분배의 중요성

포스팅할 때 삽입하는 사진, 동영상 및 글의 양은 많으면 많을수록 좋습니다. 다른 블로그와 차별화될 뿐만 아니라, 노력과 시간이 들어간 글이라고 생각 하기에 여러 포털사이트에서는 해당 글을 포털사이트의 메인 또는 검색 시 첫 화면에 보여주려고 할 것입니다. 하지만 하나의 포스트에 너무 많은 시간 과 노력을 투자한다면, 더 많은 글을 할 체력이 떨어지게 됩니다. 그렇기 때 문에 시간 분배와 포스트의 양 조절을 잘해야 합니다.

저는 하루에 1개의 블로그에 약 2~3개 정도의 글을 올립니다. 1개 포스팅 할 때 걸리는 시간은 약 10분 내외이며, 하나의 포스트에 들어가는 사진은 최소 5장, 동영상은 1개, 글은 인터넷 기사를 기준으로 보았을 때, 약 2~3개 분량의 기사가 삽입됩니다.

검색엔진이 서치하는 데 있어서 좋은 점수를 받기 위해 많은 내용을 넣는 것도 중요하지만 작성하는 시간을 적당히 분배해서 또 다른 주제로 글을 써 야 하는 체력을 남겨두시기 바랍니다. 말 그대로 기회비용입니다. 글 솜씨가 좋아서 하루에 하나의 글만 써도 방문객의 숫자가 1만 명 이상이 오는 블로 그를 운영하신다면, 전력을 다해서 하나의 글을 작성하시는 것이 좋습니다. 하지만 글 쓰는 능력에 자신 없다면 다양한 주제로 많은 글을 쓰는 것을 추천

합니다. 하나의 주제에서 성공하지 못하더라도 2~3개를 도전하여 쓰면 그중 1개는 포털사이트의 검색 첫 페이지를 차지하지 않을까요? 간단히 생각해 열 번 찍어 안 넘어가는 나무가 없다는 속담처럼 10번 글 써서 첫 페이지에 노출되지 않은 글은 없습니다.

최소한의 조건(일정 분량 이상의 글, 사진 5장, 동영상 1개 이상)을 만족시킨 포스팅이라면, 열에 한두 개는 특정 포털사이트의 검색 첫 화면에서 노출될 수 있을 것입니다. 100% 자신의 머릿속에서 만들어진 글이라면, 그 글을 읽기 위해 기다리고 있는 독자들이 많다면 정말 많이 노력해서 포스팅하기 바랍니다. 그런 포스팅은 시간이 중요한 것이 아니라 독자들을 설득시키고 감동시킬 수 있는 내용이 중요하기 때문입니다. 하지만 단순한 정보 전달이나 다른 방문객들과 간단히 소통하고 자신의 느낌을 전달하는 수준이라면, 어느 정도 수준에서 끊고 간단하게 글을 마무리할 수 있는 과감한 결단력이 필요합니다.

놓치면 안 되는 포스팅 시간

포스팅에는 때가 있다

세상의 모든 것은 때가 있습니다. 공부는 어렸을 때 암기가 잘 된다고 하죠. 그래서 유치원, 초등학교 때 암기를 하면 정말 머릿속에 쏙쏙 들어간다고 합니다. 그런데 블로그에도 때가 있다는 것, 알고 계셨나요?

블로그 포스트에 대한 시간은 크게 두 가지로 나눌 수 있습니다.

❶ **포스트 주제**
❷ **포스트를 실제 적용할 시간**

1번은 각 포털사이트의 실시간 검색에 올라가 있는 내용을 내 포스트의 주제로 선정하거나 밸런타인데이, 화이트데이와 같은 큰 이벤트가 있는 날을

앞두고 있을 때의 시간 개념입니다. 이때의 시간은 바로 실시간입니다.

그 주제가 머릿속에 떠올랐다면, 즉시 글을 적기 시작해야 합니다. '실시간 급상승 검색어'는 말 그대로 실시간입니다. 바로 지금 사람들이 관심을 보이는 주제에기 때문에 당장 올리지 않으면 소용없습니다.

포털사이트의 실시간 검색에서 그 주제가 10위권 밖으로 사라진다면 방문객 유도 효과는 급격하게 줄어듭니다. 게다가 밸런타인데이나 화이트데이 같은 특정한 날을 놓치면 1년 후에나 다시 돌아옵니다. 즉 현재 당신이 정한 주제가 사람들의 뇌리에 맴돌거나 곧 다가올 것이라는 생각에 부푼 꿈을 꾸고 있을 때, 당신은 포스팅을 해야 하는 것입니다.

2번을 살펴보죠. 여기서 시간이란 예약 시간을 뜻합니다. 사람들은 보통 '다 되었다'라는 안도감으로 글 작성이 완료된 시점에 글을 올립니다. 이게 잘못된 방법이라는 것은 아닙니다. 다른 사람보다 먼저 나의 의견을 알린다는 의도는 아주 좋습니다. 하지만 사람들이 많이 보는 시간이 따로 있다는 걸 알아두셨으면 합니다.

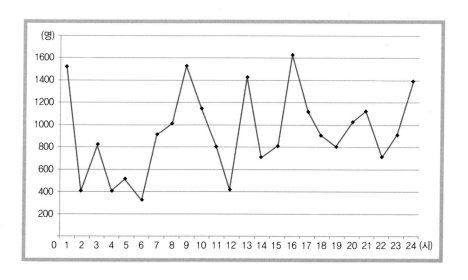

그래프는 저의 블로그를 방문한 사람들을 분석해놓은 차트입니다. 5개의 블로그와 제가 만든 홈페이지에 방문한 방문객들의 총합이며, 시간별로 살펴보면 사람들이 어떤 시간대에 얼마나 들어오는지를 알 수 있습니다.

　새벽 2~7시, 점심시간인 12시, 퇴근시간인 오후 6~7시에는 사람들이 인터넷을 하는 시간이 아닙니다. 즉 이 시간대에 글을 작성해서 올린다면 사람들에게 관심을 받을 수 있을까요? 이때는 신규 포스팅 발행을 피하고 이 시간에 작성한 포스트가 있다면 예약 기능을 사용하십시오. 오후 8시~새벽 1시까지가 최적의 포스팅 시간이며, 아침 8~11시, 오후 1시에 포스팅하는 것도 괜찮다고 생각합니다.

　검색엔진의 포스트 반영이 점점 빨라지고 있습니다. 보통 10분 내로 반영되는 것이 추세입니다. 특히 실시간 검색어와 같은 경우에는 다음 뷰나 믹시와 같은 메타사이트에 연동되기 때문에 그 반응 속도는 어마어마합니다. 특히 티스토리 블로그 같은 경우에는 다음이나 네이트에 실시간으로 반영되는 경우가 많습니다. 네이버와 구글은 검색엔진 반영 속도가 상대적으로 늦습니다. 이유는 바로 네이버 블로그 때문입니다. 네이버는 네이버 블로그를 1순위로 하고 있기 때문에 같은 주제라도 티스토리 블로그가 우선순위에서 조금 떨어지게 됩니다. 구글의 경우 검색엔진은 봇이라고 불리는 업데이트 프로그램이 너무나도 많은 자료를 수집해야 하기 때문에 반영 속도가 늦습니다. 하지만 반응 속도가 늦은 대신 한번 검색 페이지 상단에 올라가게 되면, 다른 포털사이트에 비해서 잘 떨어지지 않는다는 장점을 가지고 있습니다.

　신규 포스팅은 '신규'라는 단어가 붙기 때문에 메타블로그나 포털사이트에서도 상단에 올라갈 수 있을 확률이 높습니다. 지금 당장 올려야 하는 주제가 아니라면 예약 기능을 사용하는 것도 나쁘지 않을 것입니다.

제목의 힘

▪ 제목 70%

제목은 포스트의 70%를 차지한다고 할 수 있습니다. 그 이유는 무엇일까요?

자신을 기자라고 가정해봅시다. 내가 쓴 기사에 많은 사람들이 클릭할 수 있도록 유도해야 합니다. 실제로 포털사이트에서 사람들이 보는 것은 제목입니다. 제목이 자신이 원하는 내용이거나 흥미를 유발시킬 경우에 클릭을 하죠.

❶ 사람들의 흥미를 유발하는 제목 선정
❷ 핵심 단어 반드시 넣기

1번은 요즘 기자들이 많이 사용하는 방법입니다. 제목만 보고도 호기심을 가지게끔 하여 클릭을 유도합니다.

당시 실시간 검색어에 오른 배우 '오연서'를 네이버에서 검색해보겠습니다. 실시간 검색어에 올라 검색을 했을 뿐인데 이미 기자들은 호기심을 자극하는 제목의 기사들을 올려놓은 것을 확인할 수 있습니다. 핵심 단어인 '오연서'라는 이름도 빼놓지 않고 말이죠.

많은 사람들은 상단에 노출되는 뉴스를 많이 읽었을 것이고 그 글을 읽는
것으로 해당 신문사의 광고들은 많은 클릭을 받았을 것입니다.

2번을 보죠. 핵심 단어를 반드시 넣어야 합니다. 검색 로봇이 가장 먼저 검
색하는 것이 바로 제목입니다. 따라서 사람들이 많이 검색하는 단어는 반드
시 제목에 들어가 있어야 한다는 의미입니다. 블로거가 쓴 내용에 사람들이
검색하는 단어가 많이 들어가 있다고 해도 제목에 없다면 포털사이트 검색
결과에서 상당히 뒤에서 자신의 블로그가 검색되는 것을 발견할 수 있을 것
입니다.

제목은 사람들이 눈으로 보고 흥미를 가지는 제목이 있고, 봇이나 검색엔
진 시스템이 읽고 흥미를 가지는 제목이 있습니다. 사람이 눈으로 보고 흥미
를 가지는 제목을 다는 것은 누구나 알고 있듯이 좋은 제목입니다. 하지만
아무리 좋은 제목이라도 검색했을 때, 10페이지 또는 20페이지 뒤에 있다면
과연 얼마나 많은 사람들이 블로그를 방문해줄까요?

자신의 블로그가 인지도가 높은 블로그라면 메타블로그나 고정 방문객들
이 있기 때문에 사람들이 좋아할 만한 제목을 적는 것은 큰 문제가 되지 않습
니다. 오히려 더 좋은 결과를 낳을 수도 있습니다. 하지만 자신의 블로그 영
향력이 크지 않아서 방문객의 유입을 대형 포털사이트 검색엔진에만 기대고

있다면, 멋진 제목으로 사람들의 클릭을 유도하는 것보다 봇이나 검색 프로그램들이 우선적으로 읽을 수 있도록 하는 시스템적인 제목을 적어야 합니다. 한마디로 사람들이 좋아하는 제목이 아닌 검색 프로그램이 좋아하는 유형의 제목을 만들어야 하는 것입니다.

검색 후 블로그의 제목을 살펴보면 포털사이트마다 조금씩 다르다는 것을 느끼실 수 있을 것입니다. 같은 주제라고 해서 같은 제목의 블로그가 가장 첫 페이지에 나오는 것이 아닙니다. 네이버, 다음, 구글 등의 대형 포털사이트의 검색 시스템은 각기 다른 제목의 포스트를 메인에 보여줍니다.

조인성과의 공식 연애로 화제가 되었던 배우 '김민희'를 검색해 비교해보겠습니다.

네이버는 제목이 간단합니다. 제목 내에 검색 단어와 함께 주제만 간단히 함축되어 있습니다. 반복된 단어나 기타 설명들은 없습니다. 네이버는 실시간 검색어 및 검색량이 많은 단어 같은 경우는 철저히 봇 또는 검색 프로그램으로만 서치하여 표시하는 것이 아니라 직원들을 통해서 고품질의 글이 우선적으로 올 수 있는 정책이기 때문에 메인에 오는 글들은 프로그램에 의해 수집되었다기보다는 사람에 의해 정리되었다고 표현하는 것이 올바를 것 같습니다.

블로그글 정확도 | 최신　　　　　　　　　　　　　　　　　　　　　1-10 / 약 102,000건

 조인성 김민희 열애 인정 대박 커플 뭘 보고 반했을까... 2013.04.25
조인성 김민희 열애 인정 대박 커플 뭘 보고 반했을까? 김민희 12년전 조인성 사진도 화제 조인성 김민희 열애 인정, 데이트 사진 한 방으로 두 청춘 남녀의 열애설을...
reviewgirl.tistory.com/1016　리뷰걸이 말한다 | 블로그 내 검색

조인성 김민희 열애인정 공식입장, 김C 오작교에 송혜교... 2013.04.24
24일 디스패치의 예고와 함께 등장한 4월의 마지막 스캔들 주인공은 조인성 김민희였습니다. SNS를 통해 디스패치의 특종 예고가 나고 가 나서·박지성, 원빈, 강동원...
www.jstarclub.com/2529　포투의 기사 연예섹... | 블로그 내 검색

 조인성 김민희 열애인정, 과거가 뭐라고 사랑도 죄가 되나요 2013.04.24
들더군요. 그런데 어제 방송에 출연했던 해당 언론사가 오늘 이렇게 떡 하니 조인성 김민희 열애설을 터트리는 것을 보고 마치 자축 이벤트를 여는 것처럼 보이기도...
kmntop.tistory.com/1248　기네스의 키스 | 블로그 내 검색

　네이버와 달리 다음에서는 조금 더 자세한 제목들이 나옵니다. 핵심 단어 외에도 그에 대한 설명까지 있습니다. 그 단어에 대한 실시간 이슈들과 충실한 내용의 블로그들이 상단을 차지하고 있습니다.

블로그

 No1 건강포털, 코메디닷컴-연애하면 친구 잃어....조인성-김민희는 예외? - 2013년 4월 24일
www.kormedi.com/ - 코리아메디케어 뉴스
24일 오전 김민희(31)와 조인성(32)이 열애를 공식 인정하면서 비주얼 커플의 1등 공신으로 김C가 떠오르고 있다. 이 두 사람의 만남의 오작교 역할 ...

 디스패치 어플, 조인성 김민희 열애 최초 보도 & 연예인 공항패션 HD ... - 2013년 5월 2일
www.lalawin.com/entry/Sky-Android-Sirius-phone-1 - 서른 살의 철학자, 여자
디스패치 어플, 조인성 김민희 열애 최초 보도 & 연예인 공항패션 HD 고화질 바탕화면,서른살의 철학자 여자, 라라윈.

 레전드 뷰티 김민희 - 대한민국 1등 매거진 CeCi - 2013년 3월 31일
www.glam.kr/ - Glam Korea- 나의 스타일, 라이프
그녀의 스타일은 괜지 모르게 따라 하고 싶다. 툭! 하고 던져놓은 듯 자연스럽지만 뜨겁게 튀는 김민희의 뷰티 온도. 도톨하고 둥근 아치형 눈썹, 달걀같이 볼록한 광대, ...

블로그 검색결과 더보기 »

구글은 네이버, 다음과는 다른 내용들이 나옵니다. 실시간 검색어를 통해 이슈가 된 내용은 가장 상단 1개만 있을 뿐, 나머지 2개의 블로그 글은 실시간 이슈와 관련된 내용이 아닙니다. 그리고 제목의 길이도 한 줄에 다 보이지 못하고 다음 줄로 넘어가거나 '…'으로 표시되어 있습니다. 이는 네이버나 다음과는 달리 실시간 업데이트가 늦기 때문입니다.

구글 상단을 차지하는 것은 내가 원하는 정보에 대한 정확도가 떨어질지는 모르지만, 봇이나 검색 프로그램에 의해 수집되는 경우가 많기 때문에 주관적이지 않습니다. 따라서 검색엔진 위주의 제목을 만들게 될 경우 네이버, 다음과 같은 국내 포털사이트를 기준으로 하는 것이 아니라 구글을 기준으로 하면 더 많은 방문객을 맞을 수 있을 것입니다.

구글이 좋아하는 제목은 다음과 같습니다.

❶ 주제 단어가 반드시 포함되어야 한다.
❷ 주제 단어를 보조하는 서브 주제들도 포함되어야 한다.
❸ 전체적인 내용을 함축할 수 있는 설명도 제목에 표시해주는 것이 좋다.

사람이 보는 포스트와 검색 봇이나 검색 프로그램이 보는 포스트는 분명히 다릅니다. 깔끔한 디자인과 여백의 미는 사람들이 해당 블로그를 볼 때 느끼는 감정이겠지만 검색 프로그램은 여백의 미보다는 다양한 정보와 많은 데이터를 보고 높은 점수를 주게 됩니다. 더 많은 방문객을 원하신다면 다양하고 정확한 정보를 제목에 적으시기 바랍니다.

내용의 연관성

내용 20%

내용은 자신의 생각을 잘 정리하여 글을 써야 하는데, 블로그로 돈을 벌기 위한 글은 조금 다릅니다. 서론, 본론, 결론으로 구성된 글? 방문객에게 관심을 끌려면 무조건 결론, 즉 자신의 생각을 가장 위에 써야 합니다. 일단 내 생각을 보여준 후 그 사건에 대해 이야기를 하는 것이죠.

IT 매체별 기사 길이

구분	블로터닷넷	지디넷코리아	디지털데일리	디지털타임즈	전자신문
문단 수	13.3	10	11.3	10.9	11.4
문장 수	30.3	26.3	28.4	25.4	29.3
문장당 어절 수	12.5	8.5	7.9	6.9	7.6
기사 글자 수	2223	1042	1080	829	1063

(출처: 블로터닷넷)

첫째, 글을 너무 짧게 쓰지 마십시오. 최소한 인터넷 기사 1~2개 분량의 글을 쓴다고 생각하기 바랍니다. 흔히들 간결하고 핵심 단어를 잘 표현하여 알기 쉽게 쓸 것을 권하지만, 저는 최대한 길고 수많은 핵심 단어를 본문에 포함하실 것을 권해드립니다.

둘째, 사진은 최소 5개 이상 넣으세요. 글만 있다면 자칫 지루해하기 쉽습니다. 셋째, 핵심 단어는 반복해서 써줍니다. 여기서 주의해야 할 점은 너무 잦은 반복, 즉 어색한 수준의 반복은 네이버 검색에서 불이익을 받을 수 있습니다. 넷째, 동영상도 가능하면 1개 이상 넣습니다. 방문객을 오랜 시간 머물게 하는 데 효과적입니다.

네이버는 본인이 직접 처음부터 끝까지 글을 작성하고 사진과 동영상을 직접 올린 글을 좋아합니다. 하지만 동일한 내용의 네이버 블로그가 있다면 그 블로그가 검색어 상위를 차지할 확률이 더 높습니다. 타 블로그보다는 네이버 블로그를 우선적으로 하기 때문입니다.

그리고 좋은 포스팅을 해서 네이버 블로그 상위를 차지했더라도 곧 다른 블로그에 의해 아래로 떨어질 것입니다. 네이버는 인기 블로그가 위에 있는 것이 아닌 새로우면서 자신들의 규칙에 맞는 블로그가 상위를 차지하는 시스템이기 때문입니다.

그러면 어떤 블로그를 타깃으로 잡아야 할까요? 네이버라는 검색엔진이 가진 파워가 아무리 막강하다고 해도 내 글이 계속 밀리고 일시적인 방문객만 늘어날 뿐, 다시 줄어드는 것이 반복된다면 다시 생각해보셔야 합니다. 과연 네이버를 중심으로 해야 할지를요.

여러분, 네이버를 버리십시오. 아니, 네이버는 주가 아니고 단지 보조일 뿐입니다. 구글은 한번 검색 상위에 노출되면 그 분야에서 최소 2~3일, 최대 1~2주일도 상단에 유지됩니다. 다음이나 네이트도 네이버보다는 긴 시간 유지할 수 있습니다.

제가 말한 4가지 방법은 네이버도 포함되지만, 다른 포털사이트 위주의 공략법입니다. 네이버는 조금 다릅니다. 아마 위의 방법으로는 동일 단어 반복 사용으로 뒤로 밀릴 수도 있습니다.

네이버는 심플하면서도 독창적인 포스팅을 좋아합니다. 제목도 짧고 간결하면서 독창적으로 쓰인 글을 좋아합니다. 내용도 서론, 본론, 결론으로 구성되어 있으며, 사진 그리고 그 사진에 설명까지 잘 적어주는 블로그를 좋아합니다. 게다가 다른 블로그와 비교했을 때 차별화된 서식이나 형태를 띠고 있다면, 아마 네이버 검색을 할 때 상위권에 자신의 블로그가 링크되어 있는 모습을 볼 수 있을 것입니다.

태그의 중요성

🏷 태그 10%

태그를 별로 중요하게 여기지 않는 분들이 계십니다. 하지만 그것은 잘못된 생각입니다. 태그는 검색이 용이하기 때문에 매우 유용합니다. 메타블로그나 검색엔진에서 태그로 검색되어 유입되는 글들이 참 많습니다. 많이 다실수록 좋고, 사람들이 많이 검색하는 단어이기 때문에 단순한 것이 좋습니다. 하나의 주제에 연관된 단어들을 적으시면 다른 사람들이 비슷한 단어를 검색했을 때 내 블로그가 노출될 수 있습니다.

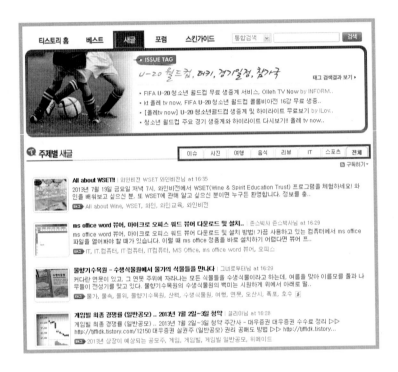

팁을 하나 드리겠습니다. 티스토리 블로그를 이용하고 계신다면 티스토리에 발행할 텐데요. 티스토리 메인에서 [새글]을 클릭하신 후 '주제별 새글'을 보시면 [이슈], [사진], [여행], [음식], [리뷰], [IT], [스포츠], [전체]가 있을 것입니다.

태그에 '이슈', '사진', '여행' 등 메뉴를 넣는다면 티스토리 메인에 링크될 수 있습니다. 'ㅇㅇ 이슈', 'ㅇㅇ 사진' 등으로 넣으면 검색이 잘되지 않습니다. 반드시 태그에 해당 단어만 따로 넣으세요. 또한 이러한 태그들은 다른 메타블로그에서도 중요하게 작용됩니다. 믹시나 블로그 코리아 같은 메타블로그에서는 태그와 글의 제목으로 분류가 이루어집니다.

05 포털 홍보 전략

포털사이트별 특징

블로그 수익은 포털사이트 공략에서 시작한다

자신이 정성껏 글을 써서 포스팅을 올렸을 때, 그 글이 포털사이트 상단에 올라가 많은 방문객을 이끌어온다면 정말 최고의 기분입니다. 하지만 1박 2일 동안 노력해서 쓴 글이 검색엔진의 상단에 노출되지 않아 방문객이 전혀 늘지 않는다면 최악이 아닐 수 없죠. 그래서 각 포털사이트에는 어떤 차이점이 있는지 간단하게 알아보고자 합니다.

먼저 네이버입니다. 우리나라 검색 점유율의 70%를 차지하고 있는 대형 검색엔진입니다. 만약 네이버 실시간 검색어 1위에서 10위 중 하나를 검색했을 때 자신의 포스트가 상단 3위 이내에 자리 잡고 있다면, 그날은 1~2만 수준이 아닌 10만 가까이도 방문해줄 수 있는 힘을 가지고 있습니다.

다음과 네이트는 다음과 비슷한 성격을 가지고 있습니다. 다만 네이트는 자체 블로그가 없으며, 자체적으로 다양한 블로그를 수집하지만 티스토리가 많은 편입니다. 다음은 다음 블로그와 티스토리 블로그를 함께 서비스하고 있지만 티스토리 블로그가 더 많이 검색됩니다. 이는 티스토리를 사용하는 사람이 더 많다는 뜻이겠죠.

마지막은 **구글**입니다. 블로그의 종류에 크게 구애받지 않습니다. 티스토리, 이글루스를 선호하며, 일반 기업형 블로그보다 설치형 블로그를 좋아합니다. 또한 사람들이 많이 들어온 블로그 위주로 상단에 배치될 확률이 높습니다.

그럼 간단히 예를 들어 볼까요?

다음	네이버	네이트

실시간 이슈 검색어	06.02 23:23
1 강애리자	↑189
2 신의도	↑25
3 정윤선 엽서	↑45
4 슬비 언니	↑35
5 기간제교사 인력풀	↑22
6 남궁경호	↑45
7 지소공주	↑16
8 동일범	↑15
9 분홍 립스틱	↑15
10 김윤희	↑32
11 황해	↑354
12 진짜사나이 걸스..	↑51

실시간 급상승 검색어 ?	▲
1 출생의 비밀	↑57
2 백년의 유산	↑42
3 출생의 비밀 ost	↑144
4 남궁경호	↑894
5 소이현	↑186
6 신의탑	↑54
7 문선재	↑315
8 현출일	↑90
9 진짜사나이	↑45
10 알리	↑243
2013.06.02 23:24 현재	

실시간 검색어 ›	
1 걸스데이 진짜사..	↑876
2 황해	↑911
3 백지영 신부대기실	↑462
4 윤후 민효알이	↑314
5 장혁 박형식 신병	↑426
6 정동환	↑369
7 주원	↑36
8 백년의유산	↑161
9 조용필	↑516
10 써얼 인기가요	↑105
2013.06.02 23:25	

실시간 검색어를 통해 비교해보겠습니다. 다음에서는 12위, 네이버에서는 9위, 네이트에서는 1위를 차지하고 있는 '진짜사나이'를 검색해보겠습니다. 각 포털사이트에서 어떻게 배치하고 있는지 살펴보죠.

블로그

진짜사나이, 샘해밍턴을 대신할 외국인은? :: TVEXCITING - 이종범 - 4일 전
tvexciting.com/496 - TVEXCITING
진짜사나이의 화룡점정, 신의 한수라 불리우는 샘 해밍턴. 군대에 외국인이라니 미군에는 한국인이 카투사로 가긴 하지만 우리나라 군대에서는 ...

아돌군의 잡설들. : 다음주 진짜사나이.. - 3시간 전
adoru0083.egloos.com/ - 아돌군의 잡설들.
다음주 진짜사나이.. 일상생활, 잡설. by 아돌군; 2013/06/02 19:43; adoru0083.
egloos.com/5748151; 덧글수 : 5. 비오는날 유격훈련이구나~~~ 시청을 쫄듯 ㅋㅋㅋ ...

웅크린 감자의 리뷰 :: '진짜 사나이' 류수영의 반전, 뺀질이 아닌 군대덕후 - 2013년 5월 19일
jamia.tistory.com/guestbook - 웅크린 감자의 리뷰
진짜 사나이-포병부대 part2. 방송일자: ... 이게 잘 안될 때에는 '진짜 사나이'의 샘 해밍턴처럼 '구멍병사' 혹은 '고문관'이 될 수밖에 없다. 샘 해밍턴 ...

블로그 검색결과 더보기 »

먼저 구글을 보겠습니다. 이글루스 블로그 1개, 티스토리 2개가 상단에 배치되어 있습니다.

다음은 네이버입니다. 네이버 블로그 4개, 티스토리 1개입니다. 네이버 블로그를 우선하고 있는 것을 알 수 있습니다.

네이트를 볼까요? 5개 블로그 모두 티스토리입니다.

마지막으로 다음입니다. 역시 네이트와 마찬가지로 티스토리 블로그만 노출되고 있습니다.

네이버는 상단 5개의 포스트 중 4개가 네이버 블로그이며, 티스토리 블로그가 1개를 차지하였습니다. 반면 다음이나 네이트는 상단 5개의 포스트 모두 티스토리 블로그이고, 구글 역시 네이버 블로그는 없고 티스토리 블로그와 다음 블로그가 상단을 차지하고 있습니다. 이는 네이버 외에는 티스토리 블로그의 경쟁력이 상당히 높다는 것을 의미합니다.

현재 우리나라는 '네이버 블로그 Vs.티스토리 블로그'의 구도에 진입했다고 볼 수 있습니다. 스타, 연예 등에 관련된 키워드는 티스토리 블로그가 압도적으로 많으며, 기타 정보 공유 및 다양한 주제에 관한 블로그는 네이버 블로그의 숫자가 많으니 참고하시기 바랍니다.

포털사이트 서비스와 블로그 연동하기

📋 수익형 블로그에는 오픈캐스트가 맞지 않다

포털사이트에는 블로그와 연동할 수 있는 여러 서비스가 있습니다. 카페, 지식인, 오픈캐스트 및 다음 뷰와 같은 서비스들이죠. 특히 저는 다음 카페를 운영하면서 블로그에 대한 내용을 서로 나누고 카페와 블로그의 상호 링크를 걸어 광고 아닌 광고를 해보기도 했습니다. 지식인에는 블로그 및 투잡에 관한 글이 있으면 그 질문에 대한 답글을 적으면서 제 블로그를 예시 사이트로 보여드리기도 하면서 블로그 광고도 많이 했습니다.

다음 뷰는 발행과 동시에 클릭 한 번으로 메타블로그에 연동이 되지만, 네이버 오픈캐스트는 하나하나 스스로 연동해줘야 한다는 단점이 있습니다. 오픈캐스트의 메인에 노출되면 하루 수천 명 정도의 유입될 수 있지만 그렇지 못한 블로그라면 차라리 오픈캐스트에 하나하나 등록시키는 동안 포스트 하나 더 쓰라고 말씀드리고 싶습니다. 네이버 오픈캐스트는 정말 꾸준히 관리하고 노력해야 합니다. 포스트를 수작업으로 등록해야 하며, 콘텐츠도 좋아야 합니다.

창작으로 만든 포스트보다는 이슈 위주의 글이 많기 때문에 수익형 블로그는 오픈캐스트 메인에 올라갈 확률이 상대적으로 낮은 편입니다. 특히 멀티블로그를 운영하시는 분들은 여러 개를 신경 쓰면서 관리해야 하기 때문에 글의 수준이 다른 블로그에 비해 떨어지는 편입니다.

고품질의 글을 썼지만 방문객도 많지 않고, 유입 인원 중 50% 이상이 네이버가 아니라면 과감히 네이버를 포기하십시오. 구글, 다음, 네이트에 주력하세요. 네이버에 주력하는 시간을 다른 곳에 분산한다면 더 많은 방문객을 끌어들일 수 있습니다.

메타블로그를 이용한 블로그 방문객 유치하기

블로그 성장 과정 알아보기

앞에서 메타블로그 활용을 설명하며 다뤘던 내용을 다시 한 번 살펴보겠습니다. 제 블로그인 '블로그로 부자되기' 블로그가 성장한 과정을 돌아보도록 하죠. 2012년 11월 19일부터 12월 31일까지 블로그 방문객 현황 그래프를 보며 자세히 살펴보겠습니다.

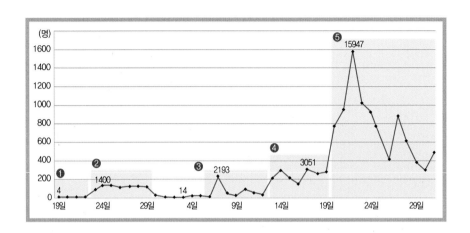

❶ 2012년 11월 19일~11월 22일

처음 개설한 날로부터 4일간입니다. 글은 간단하게 3~5개 정도 등록하였고, 블로그 디자인 및 진행 방향을 생각해보았습니다. 곧 네이버, 네이트, 다음 및 구글과 같은 대형 포털사이트의 검색엔진에 블로그를 등록했고, 메타블로그에도 가입하였습니다.

❷ 2012년 11월 23일~11월 29일

아직 대형 포털사이트의 검색엔진에 가입이 제대로 되지 않았던 시기입니다. 메타블로그에 가입되어 다음 뷰, 믹시, 블로그 코리아 등에서 제가 쓴 글이 발행되기 시작한 때이기도 합니다. 매일 1~2개 정도의 글을 신규로 작성하여 티스토리 메인에 발행하였고, 순간적으로 한 개의 포스트에 수백에서 1천여 명에 가까운 방문객이 유입되었습니다.

❸ 2012년 12월 6일~12월 12일

며칠 잠시 쉬다 다시 시작했습니다. 글이 메타블로그와 동시에 검색엔진에 등록되기 시작한 시기입니다. 하나의 글이 수백 명의 방문객을 데려온 것은 동일하지만 점차 검색엔진에 글들이 누적되어 많은 사람들이 검색엔진을 통하여 들어오기 시작했습니다.

❹ 2012년 12월 13일~12월 19일

순간 방문객과 누적 방문객을 끌어올리기 위해 각 포털사이트의 실시간 검색 순위 1위에서 10위의 검색어들을 중심으로 사람들이 흥미를 보일 만한 글들을 찾아 글을 쓰기 시작했습니다.

❺ 2012년 12월 20일~12월 31일

기존에 쓴 글들이 이미 모두 검색엔진에 노출되어 꾸준히 방문객을 양산하기 시작했고, 다음, 네이트, 네이버의 실시간 검색 순위의 상위권 단어들을 보고 글을 써서 더 많은 방문객을 유도했습니다.

06
모바일로 블로그에 글 올리기

언제 어디서나 글을 올릴 수 있는 방법

📝 자신이 원하는 시간과 장소에서 글 올리기

컴퓨터를 사용하여 블로그에 포스팅을 올리는 것은 가장 쉬운 방법이지만 큰 제한이 있습니다. 바로 시간적 제한과 공간적 제한입니다. 컴퓨터 앞에

앉아 있는 시간에만 글을 올릴 수 있고, 컴퓨터가 없는 공간에서는 글을 올리지 못하는 것이죠.

이러한 문제는 스마트폰이 해결해줄 수 있습니다. 현재 이슈가 되는 글, 자신의 머리에 스쳐 지금 당장 올리면 안 되는 아이디어를 언제 어디서나 바로 작성할 수 있는 편리한 기기이죠. 물론 컴퓨터로 올리는 것보다 퀄리티가 조금 떨어지고, 글을 쓰는 속도가 느릴지 모르지만 정보를 전달하는 블로그에 있어서 최고의 도우미로 여러분을 도와줄 것입니다.

그럼 지금부터 스마트폰을 이용하여 티스토리 포스팅을 해보겠습니다.

❶ 티스토리 모바일tistory.com/m로 접속해 로그인합니다.

❷ 우측 상단의 [MY]를 누르면 자신이 관리하는 블로그가 펼쳐집니다.

❸ 자신이 글을 쓸 블로그를 선택하면 됩니다. 저는 '나는 고객이다'를 선택하겠습니다. 연필 모양의 아이콘을 누르세요.

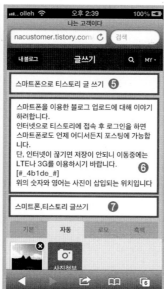

❹ 임시 저장된 글이 있다는 메시지가 뜹니다. 이 메시지는 이전에 글을 쓰다가 저장하지 않고 중단한 적이 있을 경우 뜨는 것입니다. 만약 계속 이어서 쓰고 싶다면 [승인]을 누르고, 처음부터 새롭게 쓰고 싶다면 [취소]를 누르세요. 여기서는 [취소]를 누르겠습니다.

❺ 자신이 쓸 주제의 제목을 입력합니다. 저는 제목을 '스마트폰으로 티스토리 글 쓰기'라고 적었습니다. 제목은 검색은 물론 사람들의 흥미를 끌어 클릭을 유도할 수 있으니 신중하게 작성합니다.

❻ 내용을 입력합니다. 그런데 제가 입력하지 않은 '#_4b1de_#'이 보입니다. 이는 사진을 불러온 주소를 나타내는 것입니다. 당황하지 않으셔도 됩니다.

❼ 태그를 넣는 곳입니다. 주제의 핵심 단어를 넣으며, 단어의 구분은 콤마(,)로 합니다. 검색 시 용이하니 핵심 단어를 많이 쓰는 것이 좋습니다.

⑧ 사진은 자신의 핸드폰에 저장되어 있는 사진이나 즉석에서 찍은 사진만 업로드할 수 있습니다. 올리고 싶은 사진이 있다면 반드시 미리 사진을 찍어놓거나 저장해두시기 바랍니다.

⑨ 사진은 '기본', '자동', '로모', '흑백'의 효과를 선택하여 블로그에 업로드할 수 있습니다. 자동을 선택하는 것이 가장 무난합니다.

⑩ 글의 카테고리를 지정합니다.

⑪ 글을 타인에게 공개할지 안 할지 여부를 선택합니다. 당연히 공개해야겠죠? '발행'을 선택합니다.

⑫ 댓글 및 트랙백을 허용할지 안 할지 선택합니다.

⑬ 다음 뷰의 어떤 항목에 내용을 넣을지 선택합니다.

⑭ [확인]을 누르시면 글이 발행됩니다.

⑮ 실제로 포스팅된 모습입니다. 어렵지 않죠?

04

광고 수익 극대화를 위한 전략

블로그로 돈 버는 방법

📙 이제는 투잡의 시대!

직장 이외의 직업이 또 있다? 당연히 힘듭니다. 집에서의 휴식 시간을 쪼개어 그 일에 투자를 해야 하니까요. 하지만 보람은 있습니다. 자신의 통장에 찍힌 숫자를 보면 말이죠.

제가 구글 애드센스를 처음 알게 된 것은 2009년입니다. 그 전에는 블로그를 그저 일기장이나 내 생각을 타인과 공유할 수 있는 장소 정도로만 생각했습니다. 하지만 '돈'의 개념을 제대로 파악하기 시작하면서 블로그가 새롭게 보이기 시작했습니다. 인터넷에 무료로 '나만의 상점'을 차리는 것과 같다는 것을 깨닫는 데에는 그리 오랜 시간이 걸리지 않았습니다.

일단 블로그의 장점은 크게 세 가지로 나눌 수 있습니다.

❶ 장소, 시간에 제약받지 않는다.
❷ 무자본, 무점포로 시작할 수 있다.
❸ 연령, 성별, 노약자들도 할 수 있다.

돈을 많이 벌기 위해서 가게들은 어떻게 하나요? 일단 많은 손님, 즉 고객을 끌어오기 위해서 화려한 광고와 이벤트를 벌입니다. 블로그도 마찬가지입니다. 방문객이 흥미를 느낄 만한 주제와 제목으로 포스팅을 해야 합니다. 포스팅은 곧 제품입니다. 제품이 좋아야 고객이 다시 재방문하겠죠? 그리고 수익을 올리기 위해서는 광고의 클릭이 필수적입니다. 블로그에서 제품을 판매하는 사람을 제외한 거의 모든 블로거는 광고 수익에 주력합니다. 저 역시 후자에 속합니다. 따라서 광고를 최대한 클릭할 수 있도록 배치하고 유도하고 있습니다.

고객=방문객
포스팅=판매 물건
방문 수+광고 클릭 수=수익

위와 같은 공식을 늘 머릿속에 유념하시기 바랍니다.

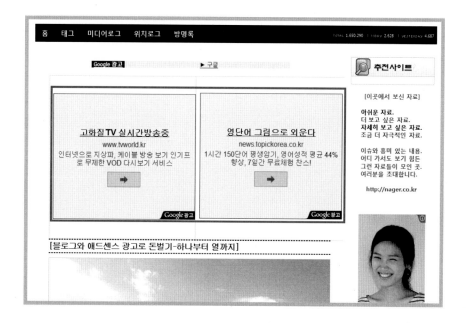

구글 애드센스의 광고는 타 광고에 비해 단가가 높기 때문에 항상 잘 보이는 곳에 위치하는 것이 좋습니다. 단가가 높은 광고는 가장 잘 보이는 곳에 위치시키고, 단가가 낮거나 미비한 광고는 잘 안보이는 곳 또는 아예 빼버리는 강수를 두기도 합니다. 만약 고객이 단가가 높은 광고와 낮은 광고가 같이 있을 때, 낮은 광고를 눌러버리면 블로그 수익이 떨어질 수 있기 때문입니다.

그럼 구글 애드센스로 수익을 얻는 과정에 대해 말씀드리겠습니다. 구글 애드센스에서 가장 중요한 것은 페이지 뷰와 클릭 수입니다. 저의 개인 블로그 5개를 7일을 기준으로 하여 설명드리겠습니다.

7일간 제 블로그의 페이지뷰는 285061이었고, 광고 클릭 수는 4608이었습니다. 약 62페이지를 사람들이 보았을 때 한 번의 광고를 클릭해주는 수준입니다. 퍼센트로 따지면 약 1.6%이죠. 그렇다면 얼마를 벌 수 있을까요? 애드센스 수익이라면 약 470달러를 벌 수 있습니다. 470달러를 47만 원이라고 가정하면, 한 페이지당 1.65원 정도의 수익을 올린 게 됩니다. 이제 방문객이 곧 돈이라고 말씀드린 이유를 아셨나요? 일일 평균 방문자 약 4만 명이었기 때문에 가능한 것이었습니다. 많은 방문객을 유도해야만 합니다.

그리고 제가 1개의 블로그에 집중하지 않고 5개를 운영하는 이유는 간단합니다. 그 이유를 살펴보겠습니다.

1개의 블로그에 4만 명이 방문하기 위해서는 정말 최상급의 퀄리티를 자랑하는 콘텐츠가 가득해야 합니다. 일일 방문객 평균 4만 명의 블로그라면, 한 달에 120만 명이 방문하는 블로그인데 이는 웬만한 신문사 홈페이지급 아닐까요? 개인 블로그가 그 정도가 되기는 어렵습니다. 하지만 일일 방문객 수천 명의 블로그는 열심히 노력하면 만들 수 있습니다. 1개를 만들었으면, 2개, 3개도 만들 수 있습니다. 그렇게 블로그들을 하나의 애드센스 계정에 묶어보세요. 5개의 블로그까지 하나의 애드센스 계정에 통합할 수 있습니다.

블로그로 수익을 얻는 조건을 간단하게 정리해볼까요?

❶ 많은 방문객 유입
❷ 좋은 콘텐츠
❸ 광고의 최적 배치

물론 처음부터 여러 개를 운영하는 것은 힘듭니다. 처음에는 1개의 블로그에 집중하며 검색엔진과 메타블로그 상단에 노출되도록 노력하세요. 수백명이 왔다면, 수천 명이 되도록 노력하세요. 처음 개설한 블로그에는 그만큼 시간을 투자해주서야 합니다. 하루 3~4시간은 기본입니다. 콘텐츠가 쌓이다 보면 일일 방문객이 수천 명 되는 것은 아주 쉽습니다. 그때는 관리 시간도 하루 한 시간 이내로 줄어듭니다. 그전까지는 무조건 노력에 좌우됩니다. 꾸준히 노력한다면 블로그는 여러분의 노력에 보답을 할 것입니다.

한 가지 주제보다는 여러 가지 주제!

📙 여러 가지 주제를 가진 블로그 운영하기

하나의 블로그에 하나의 주제만 가지고 포스팅을 하는 것이 좋을까요? 아니면 하나의 블로그에 여러 가지 주제로 포스팅을 하는 것이 좋을까요? 당신의 생각은 어떠십니까? 일단 저에게 이런 질문을 했다면 다음과 같이 말했을 것입니다.

"다다익선."

즉 많으면 많을수록 좋은 것입니다. 하나의 주제보다는 여러 개의 주제를 가진 블로그가 구글 애드센스 광고를 달고 수익을 얻기 좋은 블로그라고 생각을 합니다.

하나의 블로그에 여러 개의 광고를 가진 블로그를 운영할 수 있습니다. 예를 들어 스포츠, 영화, 미술, 음악, 애니메이션 이렇게 5개의 주제를 가진 블로그를 만들어 운영하는 사람도 있을 것입니다. 또한 스포츠면 스포츠, 영화면 영화, 이렇게 하나의 주제만을 가지고 블로그를 만들어 운영하는 사람도 있을 것입니다. 요즘 같은 경우는 하나의 블로그에 여러 주제를 통합해서 만드는 사람이 대다수이지만, 하나의 블로그에 오직 하나의 주제만 지정하여 운영하는 분들도 여전히 많습니다. 이런 방법은 각각의 특징이 있습니다.

먼저 하나의 블로그에 여러 개의 주제를 통합 운영한 블로그에 대해서 살펴보죠. 이러한 블로그는 많은 방문객을 하나의 블로그에 집중시키는 효과가 있습니다. 스포츠를 좋아하는 사람이 스포츠를 검색하여 블로그에 방문하였는데 영화, 미술, 음악, 애니메이션이 이 블로그에 모두 공존해 있는 것을 보았을 때, 그 방문객은 자신이 좋아하는 내용의 글을 읽다가 다른 흥미있는 주제로 이동할 수 있습니다.

또한 최소 그 개수만큼의 검색어로 유입시킬 수 있습니다. 즉 방문객의 유형이 다양해지면서 넓은 범위의 방문객을 찾아오게 만드는 효과가 있는 것이죠. 이런 블로그가 바로 구글 애드센스의 효과가 가장 극대화되는 블로그입니다. 다양한 주제를 통하여 수많은 사람들이 하나의 블로그에 모이게 되고, 그렇게 모인 사람들이 다양한 주제의 글들을 보다가 광고도 클릭하고, 여러 포스트의 글을 읽고 나가게 되는 '링크 to 링크' 현상이 발생하게 되는 것입니다. 이는 링크를 통하여 새로운 링크로 이동하는 현상으로, 블로그 관리자의 입장에서, 그리고 광고 수익을 기대하는 입장에서 최고의 효과를 얻을 수 있는 블로그가 되는 것입니다.

하지만 분명히 단점도 있습니다. 블로그가 난잡해보일 수 있으며, 여러 개의 주제가 공존하기 때문에 전문성이 떨어져보일 수 있습니다. 또한 고정 방문객이 아닌 일시적인 방문객이 많으며, 방문객의 충성도도 떨어집니다.

그다음으로 하나의 블로그에 하나의 주제만 정하여 운영한 블로그에 대해서 살펴보겠습니다. 이와 같은 블로그는 전문성이 높습니다. 흔히 요리, 야구, 게임 블로그들이 대표적인 블로그입니다. 방문객의 충성도 또한 높으며,

즐겨찾기뿐만 아니라 RSS 등록을 하여 이메일로 블로그의 새글이 등록될 때 즉시 포스트를 받아보는 방문객도 있습니다. 따라서 댓글과 같은 쌍방향 소통이 활발히 이루어집니다. 우리가 흔히 말하는 질 높은 블로그가 바로 이런 블로그입니다.

하지만 구글 애드센스 수익을 얻으려는 사람들에게는 추천하고 싶지 않은 유형입니다. 방문객의 충성도는 높지만 일정 수준 이상의 블로그로 만들기 어려우며, 방문한 방문객들이 구글 애드센스 광고를 눌러줄 확률도 떨어지기 때문입니다. 포스팅을 본 방문객은 이 블로그의 시스템에 어느 정도 익숙하기 때문에 자주 방문하지만, 자신이 읽고 싶은 전문적인 부분만 보고 바로 블로그를 떠납니다. 또한 광고를 달아놓아도 광고라는 것을 인식하여 누르지 않는 방문객이 많습니다.

일반적으로 여러 개의 주제를 가진 블로그의 일일 방문객이 1천 명일 때, 광고를 눌러주는 사람의 숫자는 2~3%, 약 20~30명이 됩니다. 하지만 한 가지 주제를 가진 블로그의 광고는 그 절반 수준밖에 되지 않습니다. 방문하는 연령대도 여러 가지 주제를 가진 블로그에 비해 다양하지 않으며, 그 분야의 전문적인 내용을 숙지하고자 하는 방문객이 많기 때문에 광고 역시 방문객들을 위한 타깃형 광고가 아니면 거의 효과를 보기 어렵습니다. 따라서 이런 블로그는 보통 제휴 마케팅과 같은 해당 블로그의 주제와 동일하거나 비슷한 광고를 따로 다는 경우가 많습니다.

멀티블로그를 운영하라

▗ 다다익센! 블로그는 하나보다 여러 개가 좋다

블로거는 보통 하나의 블로그에 자신이 원하는 주제를 중심으로 포스팅을 하여 방문객들과 소통합니다. 하지만 어떤 이는 여러 개의 블로그를 운영합니다. 그 이유는 무엇일까요?

앞에서 블로그를 오프라인의 상점으로 비유했었습니다. 여기서도 그 비유를 들어보겠습니다. 여러 개의 블로그를 운영하는 것은 오프라인에서 한 명의 주인이 여러 개의 가게를 운영한 것과 마찬가지입니다. 하나의 가게가 입소문을 타면서 많은 손님이 찾아준다면 그 주인은 분점이나 지점을 내고, 그 가게에서 판매하는 품목을 점점 늘려가며 가게를 확장하기도 합니다.

블로그도 마찬가지입니다. 하나의 블로그가 잘되면 더 많은 방문객들이 찾도록 점점 다양한 주제로 블로그의 영역을 확장합니다. 그뿐만 아니라 세컨드 블로그를 생각하기도 합니다. 이는 오프라인의 지점이나 분점과도 같은 의미입니다. 이런 블로거는 본점의 의미와도 같은 메인블로그를 가지고 있기 때문에 서브블로그 역시 크게 확장될 확률이 높습니다.

그렇다면 여러 개를 운영하는 게 좋을까요? 1개만 꾸준히 운영하는 게 좋을까요? 물론 하나의 블로그만 꾸준히 노력하여 운영한 후 구글 수익을 기대해도 큰 문제는 없습니다. 하지만 이러한 경우는 상당한 노력이 요구되며, 그 블로그가 일명 파워블로그가 되어야 한다는 조건이 붙습니다. 아무리 열심히 운영해도 방문객이 늘지 않거나 수익이 제자리에 있고 블로그가 크게 성장하지 않는다면, 하나의 블로그만 꾸준히 운영하는 정책을 버리고 새로운 정책과 방법으로 블로그를 운영해야 합니다.

블로거도 잘하는 사람, 즉 천재가 있고 잘하지 못하는 사람, 즉 일반인이 있습니다. 공부나 운동신경이 있다면 블로그 운영에도 나름 '운영신경'이라는 센스가 필요됩니다. 이러한 센스가 없다면 더 노력하고 더 새로운 방법으로 바꿔야 합니다. 그것이 바로 멀티블로그입니다.

블로그의 실력자라면 하나의 블로그로도 충분합니다. 포털사이트 분석과 인터넷의 흐름, 그리고 사람들의 심금을 울릴 수 있는 글을 쓰는 능력이 뛰어나신 분들은 블로그를 1개만 꾸준히 운영하서도 괜찮습니다. 물론 서브로 한두 개 정도는 더 만들어서 멀티블로그를 운영한다면 더 좋겠죠. 10개의 글을 쓸 때, 50% 이상이 각 포털사이트의 검색어 첫 번째 페이지 또는 포털사이트 메인에 노출된다면 굳이 다른 블로그를 더 운영할 필요는 없습니다.

다만 1개의 블로그를 운영하다가 그 블로그가 잘못되거나 로직 변동으로 인해 글의 순위가 다 내려간다면 타격이 큽니다. 또한 구글 애드센스의 수익을 노리다가 구글의 정책에 조금 어긋나는 글을 올렸다면 일주일 가량 구글 광고가 중지되기 때문에 수익이 0이 되는 경우가 있습니다. 그렇기 때문에 서브블로그 1개 정도는 더 운영하는 것이 좋겠죠.

만약 자신이 블로그의 실력자가 아니라 일반인이라면 멀티블로그를 운영하시기 바랍니다. 저도 블로그의 실력자는 아닙니다. 한 달에 100만 원 정도의 구글 애드센스 수익을 얻습니다. 우리나라에서는 한 달에 1천만 원 가까이 버시는 분들도 계시다고 합니다. 따라서 저 역시 일반인에 속합니다. 열심히 하려고 노력하지만 시대와 이슈를 읽어내는 뛰어난 학습 능력도 없고, 사람들의 심금을 울릴 정도의 글을 쓰는 실력도 없습니다. 하지만 이런 저도 구글 애드센스의 수익은 얻어지더군요.

저는 멀티블로그를 운영하며 수익을 얻고 있습니다. 하나의 티스토리 블로그 아이디로 만들 수 있는 블로그 개수는 5개입니다. 즉 한 명이 5개의 멀티블로그를 운영할 수 있는 것을 의미합니다. 실력자가 아니라면 여러 블로그를 운영해보면서 자신만의 노하우를 찾아가면 됩니다. 여러 개의 블로그를 운영하다 보면 A라는 블로그에는 수익이 일어나고, B라는 블로그에는 수익이 거의 없으며, C라는 블로그는 저품질에 걸려 포털사이트 검색이 막히게 되는 등 다양한 경험을 하며 많은 것을 배울 수 있습니다. 또한 하나를 운영할 때 막혔던 부분들을 해소시킬 수가 있습니다.

반드시 한 블로그에 글을 많이 쓴다고 해서 방문자가 늘어나는 것은 아닙니다. 예를 통해 설명하겠습니다.

스포츠(프로야구) 분야에서 글을 잘 쓰는 한 분이 만든 블로그는 일일 평균 방문객이 1만 5천 명 가까이 됩니다. 글의 양이 많을 뿐만 아니라 글의 퀄리티 역시 최고입니다. 간혹 신문기자들이 그분의 포스팅을 참고하여 기사를 쓸 정도입니다. 이 분의 한 달 구글 애드센스 수익은 스포츠 분야의 광고 위주라 단가가 낮아 약 50~80만 원 수준입니다. 그리고 다른 제휴 마케팅을 하여 한 달 평균 수익이 약 150만 원 정도 됩니다. 충성심 높고 꾸준히 방문해 주는 방문객이 많으며, 하나의 주제로만 블로그를 운영하기 때문에 타깃 광고가 가능한 블로그입니다.

다른 하나의 블로거 역시 일일 평균 방문객이 1만 5천 명 가까이 됩니다. 글을 잘 쓰지도 않고, 글의 퀄리티도 높지 않습니다. 꾸준히 찾는 방문객도 많지 않을 뿐더러 다른 신문기자들이 쓴 글을 정독하고 분석하여 글을 씁니다. 하나의 주제로만 블로그를 만든 것이 아니기 때문에 제휴 마케팅은 꿈도 꿀 수 없지만, 다양한 주제로 글을 쓰기 때문에 단가가 높은 광고가 많아 구글 애드센스 수익이 월 평균 100만 원이 조금 넘습니다. 이 블로거는 바로 저입니다.

저는 총 5개의 블로그를 운영했습니다.

(단위: 명)

	일 평균	누적 방문객
나는 고객이다	5000	140만
상상의 날개를 달다	1300	350만
이성과 사랑	3500	53만
세상 이야기	2500	36만
블로그로 부자되기	5000	74만

하나의 블로그가 아니기에 방문하는 방문객은 모두 다릅니다. 하지만 구글 애드센스로 이야기하면 다릅니다. 하나의 구글 애드센스는 5개의 티스토

리 블로그를 모두 수용합니다. 구글 웹마스터 도구에 가입하여 5개의 블로그를 모두 등록해놓는다면, 구글 애드센스는 이 5개의 블로그 광고를 하나의 블로그에 달린 것으로 인식합니다. 즉 저는 5개의 블로그를 운영하지만 구글 애드센스는 하나의 블로그를 운영하는 것으로 인식하는 것입니다.

본인이 블로그의 방문객을 두 배, 세 배 많게는 열 배로 만들고 싶은데 그 것이 잘 안 된다면, 2개, 3개, 많게는 5개의 블로그를 운영하면 됩니다. 다만 멀티블로그를 운영할 시에는 더 많은 성실함과 노력이 요구되며, 관리가 쉽지 않을 것입니다. 그렇지만 그에 상응하는 대가가 따른다는 점, 잊지 마세요.

02 프로가 되자

현실에 안주하지 말자

> 잘된다고 안주하지 말고, 안 된다고 중단하지 말자!

사람들 처음 글을 쓸 때 마음이 다르고, 다음 글을 쓸 때 마음이 다릅니다. 그리고 블로그에 방문객이 들어올 때마다 마음이 달라집니다. 적게 방문하면 '아, 별로 안 오는데 수익이 날까? 그냥 그만둘까? 시간낭빈데…….', 많이 방문하면 '나이스~ 글 하나에 이렇게 많이 오는구나. 앞으로 돈 많이 벌겠다!'라는 생각을 가지는 사람이 많습니다.

사람들이 내 블로그에 적게 방문할 때의 특별한 해결책은 없습니다. 그저 꾸준히 글을 써야 합니다. 힘들면 잠깐 쉬시고 다시 글을 쓰셔야 합니다. 하루에 최소 2개는 쓰시기를 바랍니다. 너무 많이 쓰시는 것도 좋지 않습니다. 2~3개가 가장 적당합니다.

블로그를 취미로 하시는 분들이야 자기 마음대로겠지만, 여러분은 블로그로 돈을 벌기 위해 하시는 분들이기 때문에 이러한 권태기를 빨리 극복하셔야 합니다. 제 블로그의 포스팅 수가 645개가 넘습니다. 이 정도 글을 써야 일일 방문객 평균 5천~7천 명 정도가 됩니다. 글 하나당 하루에 10명 정도 사람들을 모으는 것입니다.

하루 1만 명을 목표로 하셨다면, 최소한 1천 개를 포스팅하신 후 블로그에 소질이 있는지 없는지 판단하기 바랍니다. 그전에 자신의 소질이나 블로그의 흥미 등에 관한 쓸데없는 생각을 가지고 계신 분은 빨리 그런 생각을 버리세요. 일단 어느 정도의 양을 만들어놓은 후, 질을 따지시기 바랍니다.

또 이런 사람들이 있습니다. 한번 포스팅이 잘되서 각 포털사이트 Top5 안에 들어간 글이 실시간 검색어까지 터지는 바람에 일일 방문객이 수만 명 이상이 들어왔을 때, 사람이라면 순간적으로 패닉에 빠집니다. 구글 애드센스의 광고비가 기하급수적으로 올라가는 것을 경험하면서 앞으로도 매일 그렇게 돈이 들어올 것이라고 헛된 꿈을 꾸게 되기도 하죠.

저는 당당하게 "그렇지 않습니다"라고 말씀드릴 수 있습니다. 기껏해야 2~3일입니다. 평균 1천~2천 명씩 오다가 포스팅 하나 잘 터져서 1만~5만 명씩 들어오면 당연히 5천~2만 명 정도로만 줄어들 줄 압니다. 하지만 착각입니다. 다시 1천~2천 명으로 줄어듭니다. 그나마 그 포스트의 기운이 조금 남아 있어서 3천 명 정도로 줄어듭니다. 이때 기분이 확 나빠지고 상실감이 커지게 됩니다. 하지만 이때야말로 바로 전진해야 할 때입니다. 2천 명 들어오던 방문객이 3천 명으로 늘어난 것입니다. 수만 명 들어왔을 때는 하늘이 내려주신 타이밍입니다. 그것을 끝까지 유지할 수 있는 블로거는 거의 없다고 보면 됩니다. 하지만 그 힘이 조금 남았을 때, 그 힘을 계속 쌓아나가는 것은 모든 블로거가 할 수 있습니다. 실제로 일일 방문객은 저럴 때 늘어나게 됩니다. 수만 명이 들어오는 것은 순간이지만, 꾸준히 조금씩 들어오는 것은 상당히 긴 시간입니다. 그 시간이 반복되고, 그러한 과정들이 쌓여나간다면 비로소 나의 평균 일일 방문객이 어느 정도 정해지게 됩니다.

순간적으로 많은 방문객이 들어와서 꾸준히 이어질 것이라는 생각, 버리시기 바랍니다. 포기하세요. 편합니다. 그 순간에 휘둘리지 말고 현실에 안주하지 마세요. 당신에게 있어서 포기는 순간적으로 늘었다고 계속 이 상태로 유지될 것이라고 자기암시를 거는 것이 아니라 현실을 파악하고 재빠르게 다음 단계로 넘어가는 것입니다. 방문객이 순간적으로 늘었다면 그 방문객을 어떻게든 최대한 덜 빠져나가게 할 것인가에 대해 고민하고 또 포스팅하기 바랍니다.

한 번 들어오는 방문객은 순간이지만, 꾸준히 들어오는 방문객은 영원합니다!

연령대와 성별을 공략하라!

📕 광고를 위한 블로그 만들기

보통 사람에게는 성별이 있습니다. 남자, 그리고 여자가 있죠. 그렇다면 블로그의 성별은 어떨까요? 블로그의 성별은 바로 운영자가 만들어줄 수 있습니다. 운영자가 남자인지 여자인지 중요하지 않습니다. '누구를 위한 블로그인가?'라는 물음이 가장 중요한 것입니다.

미즈넷이 왜 성공했나요? 오유와 일베는 왜 잘나갈까요? 모두 하나의 공통된 주제가 있었기 때문입니다. 미즈넷은 여자를 위한 사이트이며, 오유는 진보적 성향의 사람들, 일베는 보수적 성향의 사람들이 모여 어울린 사이트라는 특징을 가지고 있습니다. 진보와 보수는 모두 좋은 뜻입니다. 하지만 그 뜻은 반대죠. 나라를 위하는 마음은 같으나 진보는 새로운 것을 받아들이는 마음이고, 보수는 기존의 것을 지키려는 마음을 가진 사람들을 일컫습니다. 이런 사람들이 모여 수많은 일일 방문객을 만들어낸 것입니다.

자, 이제 다시 물어보겠습니다. 당신의 블로그는 남성적 성향이 강한가요? 여성적 성향이 강한가요?

이렇게 자신이 운영하는 블로그의 성별을 구별하지 않은 곳이 많습니다. 애드센스의 광고 수익을 높이기 위해서는 사이트의 성별을 지정해줘야 할 필요가 있습니다. 남성적 성향이 강한 블로그는 여성에 대한 이야기, 특히 스타와 같은 여성 연예인들 이슈나 약간의 해외 토픽이 서브 주제로 되어 있으며, 스포츠와 같이 남성들이 좋아하는 주제를 선택한 블로그가 해당됩니다. 반대로 여성적 성향이 강한 블로그는 요즘 유행하는 음식, 패션, 연애나 사랑에 관한 주제를 많이 다룹니다. 자료를 쓸 때도 여성 친화적인 것을 더욱 많이 쓰게 됩니다.

제가 이렇게 블로그의 성별이 중요하다고 하는 이유는 바로 광고의 질이 달라지기 때문입니다. 실제로 블로그의 광고를 비교해보면 구글 애드센스의 광고 종류가 다르다는 것을 알 수 있습니다. 스포츠를 주제로 만든 블로그에 달리는 광고와 요리를 주제로 만든 블로그에 달리는 광고는 천지 차이입니다. 당연히 들어오는 방문객의 연령대와 성별도 다르겠죠. 만약 2개의 블로그 광고가 같은 광고가 달린다면 어떨까요? 당연히 해당 주제와 연관된 광고의 클릭 수가 더 많겠죠.

그런데 다행히도 구글 애드센스는 제목과 내용에 따라 광고가 달라집니다. 따라서 자신의 블로그의 성격에 맞춰 포스팅을 해나간다면 방문객들이 다양한 포스팅과 함께 다양한 광고를 볼 수 있는 혜택까지 누릴 수 있습니다.

많은 사람들이 방문하는 블로그를 만들어보겠다고 이것저것 마구잡이식으로 만드는 블로그보다 하나의 주제를 깊게 파고드는 전문적인 블로그가 방문객은 적어도 높은 수익률이 나오는 공식은 바로 여기에 있습니다.

일반적으로 남성형 블로그보다는 여성형 블로그를 만들어 포스팅하는 시간이 상대적으로 많이 걸립니다. 남성들이 좋아할만한 주제보다는 여성들이 좋아할만한 주제가 더 섬세하고 그 내용을 구체적으로 설명해줘야 하는 것들이 많기 때문입니다. 수익을 원하는 블로거에게는 큰 단점이자 손실이 아닐 수 없습니다. 정해진 시간에 적은 양의 포스팅을 한다는 것은 그만큼 수익이 덜 생길 수 있다는 의미이기 때문입니다.

그럼 예를 들어보겠습니다. 대표적인 여성형 블로그의 주제는 요리, 결혼, 연애입니다. 물론 남성들도 이 주제에 흥미를 가지지만 주로 여성들의 이야기라고 사회적으로 인식된 주제입니다. 남성형 블로그의 대표적인 주제는 스포츠, 자동차, 게임 등에 관한 이야기입니다.

일단 요리 블로그는 맛집부터 시작해서 직접 요리를 하는 것까지 그 주제가 매우 다양합니다. 맛집을 갈 경우 거의 기행문 형식이 되며, 사진은 빠지

지 않고 자신이 맛집을 가는 과정부터 주문한 음식까지 사진을 하나하나 찍는 것은 보통입니다. 거기에 해당 가게의 내부 인테리어와 밖의 익스테리어까지 사진을 찍어주면서 의견을 달아주는 센스까지 선보인다면, 포스팅을 읽는 데에도 10분 이상 소요되는 하나의 작품이 탄생하게 됩니다.

최근 맛집 및 요리 블로그는 내용은 자세해지고 사진의 퀄리티는 높아지고 있습니다. 아마추어가 쓴 것이 아닌 프로가 적은 기행문 같은 느낌이 들기도 합니다. 이 정도의 글을 뽑아내기 위해서는 글을 쓰는 시간은 물론 직접 찾아가서 그 주제에 관한 자료를 만드는 시간까지 포함해 하루 이상이 소요될 것입니다. 결국 여성형 블로그를 만들기 위해서는 직접 글쓰는 시간뿐만이 아니라 사전에 준비하는 시간이 많이 걸린다는 것을 알 수 있습니다.

류현진선수의 승리만큼이나 관심이 있는 것이 바로 방어율인데요. 오늘 경기전까지 류현진선수의 방어율입니다.

방어율	항목	기록
3.42 (55.1 이닝 21 자책)	승/패	4승 2패 (9 경기)
	탈삼진	56개
	타율	0.294 (17 타수 5 안타)

7. 1이닝 1실점한 후 마운드를 내려갔는데요. 불펜이 류현진 책임주자를 홈으로 불러들여 자책이 2점으로 늘어났습니다.

62.2 이닝 23자책으로 계산해보니 **방어율이 3.30**(62.2 : 23 = 9 : X)

불펜이 실점만 하지않았어도 방어율이 좀 더 내려갔을 것인데 조금 아쉽네요.
(특히나 그 득점주자가 아오키였다는 점이 더욱 더 아쉬움이... 유리베가 잘 처리할 수 있었던 볼이었는데 말이죠.)

하지만 커쇼, 그레인키, 류현진 원투쓰리펀치가

차례로 등판한 밀워키전을 류현진선수의 승리로 위닝시리즈로 마감하였으니 이제 진정한 다저스의 제3선발이 된 듯 합니다.

반면에 남성형 블로그는 상대적으로 그 사전 준비나 글 쓰는 시간이 짧습니다. 스포츠 경기는 보통 2시간 이내로 끝이 납니다. 길게는 3~4시간이 걸리죠. 남성형 블로그는 경기 시간이 긴 스포츠를 감상하면서 자료를 준비할 수 있을 뿐만 아니라 경기 데이터만 있으면 경기가 끝난 후에도 쉽게 한 편의 글을 쓸 수 있습니다. 직접 현장에 찾아가서 데이터를 수집한다고 하더라도 스포츠에 관한 내용은 숫자로 모든 데이터가 나오는 경기이기 때문에 결과에 보인 숫자를 바탕으로 자신의 의견을 써주면 훌륭한 하나의 글이 완성됩니다.

물론 글의 퀄리티를 높이기 위해서 많은 사진과 글을 쓰면 시간이 많이 걸립니다. 하지만 제가 말씀드리고 싶은 것은 상대적으로는 여성들이 좋아하는 여성형 블로그에 비해서 남성들이 관심을 보이는 남성형 블로그의 포스트 작성 시간이 조금 덜 걸린다는 것입니다. 찾는 방문객들이 50:50으로 동일하다면, 이러한 점을 고려해봐야 하지 않을까요?

구글 애드센스 광고도 하나의 타깃 광고입니다. 마구잡이로 나오는 것이 아니기 때문에 포스팅하면서 어떤 광고가 달릴지도 한 번씩 생각해보면 방문객 친화적인 광고가 달린 포스팅이 만들어질 것입니다. 애드센스로 돈을 벌고 싶으신 분들은 포스팅을 위한 포스팅이 아니라 광고 친화적인 포스팅을 해보는 것은 어떨까요?

검색엔진최적화로 블로그 방문자를 늘리기

SEO 이용하기

SEO를 아시나요? SEO는 'Search Engine Optimization'의 약자로 '검색엔진 최적화'라는 뜻이며, 그 주체는 개별 사이트가 됩니다. SEO 작업에서 가장 중요한 것 중 하나는 '어떤 검색엔진을 대상으로 SEO를 진행해야 하는가?'입니다.

네이버, 다음, 구글, 네이트와 같은 검색엔진에서 검색했을 때 상위에 나타나도록 관리해야 합니다. 검색엔진최적화 방법에는 자신의 사이트를 대표할 수 있는 핵심적인 키워드를 여러 개 선택하여 이를 사이트 등록에 사용하고, 포스팅을 할 때 핵심 단어뿐만 아니라 연관 단어를 사용하는 방법이 있습니다. 블로그가 유명해지면서 여러 사이트의 추천 사이트로 등록될 경우 자연히 이용자가 많아지고 사이트의 순위도 올라가게 됩니다. 이렇게 되기 위해서 블로거는 SEO를 파악하고 적용할 줄 알아야 합니다.

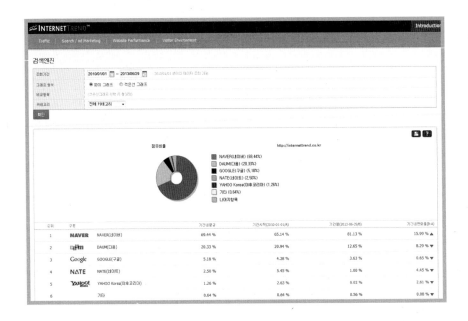

'Internet Trend trend.logger.co.kr'에서 검색엔진 점유율을 보면 네이버가 여전히 강세를 보이고 있다는 것을 확인할 수 있습니다. 2011년 오버추어(키워드 광고 상품)와의 결별과 다양한 사업 확장, 파워블로거의 증가를 위한 지원을 아끼지 않았던 네이버는 2013년에도 많은 성장세를 보이고 있습니다. 반면 다음은 점유율이 급격하게 하락하였고, 구글 역시 하락하였지만 그 정도는 상당히 미비합니다. 네이트 역시 싸이월드 열풍이 사그러지고 PV를 높이려 무던한 노력을 하고 있지만 점유율은 지속적으로 하락하고 있습니다. 그리고 야후는 이제 국내 서비스를 종료했죠. 포털사이트를 이용하는 고객의 10명 중 7~8명은 네이버를 사용하는 시대에 살고 있습니다.

제가 일찍이 앞에서 '네이버를 포기하라'고 말씀드린 내용과 엇갈린다고 생각하실 수도 있습니다. 제가 말씀드린 내용에는 전제조건이 숨겨져 있었습니다. 바로 글의 퀄리티입니다. 네이버는 검색 서비스가 상당히 타이트합니다. 검색봇을 통해 수집하지만 글의 퀄리티를 철저하게 따지는 포털사이트입니다. 따라서 네이버에서 검색어 상위권을 유지하기는 상당히 어렵습니다. 자신의 블로그가 네이버 블로그가 아니라면 해당 검색어를 독점하고 있지 않는 한 뒤로 밀리기 쉽습니다. 그래서 저는 네이버를 포기하라고 말씀드린 것입니다. 같은 검색어로 네이버 검색 시 메인에 가기 위해 노력하기보다는 마음 편히 다른 포스팅 작성에 힘을 기울이시는 것이 좋습니다.

다음이나 네이트는 자신들만의 독특한 서비스로 국내 유저들을 기존보다 많이 끌어들이고 있습니다. 네이트는 '판'이라는 독자적인 서비스로 많은 유저를 끌어들였으며, 다음은 '루리웹', '티스토리' 등을 합병하여 덩치를 키워나가기 시작했습니다. 특히 '아고라'라고 불리는 시스템은 사회적 이슈가 탄생하는 장이 되기까지 했습니다. 다만 아직까지 시장 점유율에는 큰 변화가 없는 점이 아쉽습니다.

하지만 이러한 데이터에 현혹되어서는 안 될 것 같습니다. 최근의 유저들의 사용 패턴을 보면 원하는 정보를 찾기 위해서 검색엔진에만 치중하지 않습니다. 페이스북, 유튜브 등 원하는 정보의 형태에 따라서 검색엔진이 아닌 다른 채널에서도 정보를 찾고 습득하고 있습니다. 따라서 자신의 블로그를 소개하고 방문객을 늘리기 위해서도 이러한 방문객의 성향을 파악하고 적용해야 합니다.

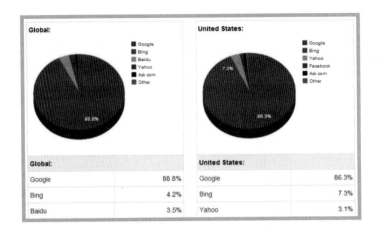

Global:		United States:	
Google	88.8%	Google	86.3%
Bing	4.2%	Bing	7.3%
Baidu	3.5%	Yahoo	3.1%

그럼 해외는 어떨까요? 여전히 구글이 강세를 보이고 있으며, 빙은 기대했던것 만큼 점유율을 가져가지 못하고 있습니다. 빙이 처음 출시되었을때 10%에 육박하면서 검색 점유율이 점차 성장할 것이라고 기대했지만 사용자들의 기대에 부응하지 못해 하락했습니다. 야후는 한국 시장에서 철수를 하더니 세계 시장에서도 좀처럼 힘을 쓰지 못하고 있습니다.

일단 방문자를 유지하기 위해서는 신규 방문자와 기존 방문자에 대한 차별화된 방법이 필요합니다. 같은 전략을 적용하면 블로그를 자주 방문하는 사람들은 블로그 운영자에 대한 친근함이 사라지게 되고, 늘 새롭게 자신을 받아들인다는 느낌 때문에 금방 떠나게 됩니다. 오프라인상에서도 성공한 가게들을 보면 신규 손님과 단골에 대해서는 차별된 서비스를 보여주는 것처럼, 블로그도 신규 방문객과 단골 방문객에 대해서는 차별화된 서비스를 제공하는 것이 좋습니다. 이는 신규 방문자가 기존 방문자의 혜택을 누리기 위해 자주 찾아오게 되는 효과도 있습니다.

저는 일단 방문객의 댓글에 열심히 답글을 다는 스타일입니다. 특히 기존의 방문객들이 방문해 댓글을 남겨주면 꼭 답방해서 그분의 글에 대해 댓글을 달아드립니다. 이러한 작은 노력은 블로그의 품질을 높이기 위한 중요한 전략 중 하나입니다. 포스팅만 무작정 잘 쓴다고 해서 블로그 점수가 높지는 않습니다. 특히 구글을 제외한 국내 포털사이트들의 검색엔진은 블로거와 방문객의 상호 커뮤니케이션의 정도를 점수화하기도 합니다. 네이버는 이웃이 많거나 댓글이 많으면 높은 점수를 받아 아무리 부실한 내용의 글을 쓰더라도 그 주제를 검색하면 상단에 올라가는 경우도 종종 있습니다.

따라서 블로그의 점수를 높여 일정 순위를 유지하기 위해서는 포스트의 숫자를 늘리고 글 퀄리티를 높이는 것도 중요하지만 이웃을 만들어 하나의 포스트에 여러 댓글이 달리게 하는 것도 중요한 과제 중 하나입니다. 구글이 포스트의 내용을 철저히 점수화해서 반영한다고 하지만 아직 우리나라 사람들의 90% 정도는 국내 포털사이트의 검색엔진을 사용하고 있습니다. 그만큼 국내 포털사이트의 힘이 크기 때문에 그 규정에 따를 수밖에 없는 실정입니다. 방문객을 늘리거나 유지하기 원하는 분들은 해당 포털사이트들의 운영 정책과 운영 방법을 숙지하고 그 방법에 맞는 해답을 찾아 자신의 블로그에 적용하시기 바랍니다.

키워드를 분석하면 돈이 보인다

키워드별 단가 분석하기

방문객들이 한번 클릭하면 얼마나 벌까요? 구글 애드워즈를 이용하면 키워드별로 단가를 알 수 있습니다. 어떤 키워드가 어느 정도의 단가를 내는지 알 수 있기 때문에 블로그의 주제를 선정하는 데 도움을 줍니다. 구글 애드워즈를 이용하는 것은 단순하면서도 간단합니다.

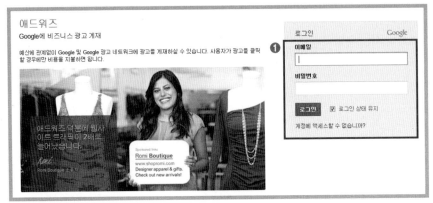

① **구글 애드워즈**adwords.google.com**로 접속한 후 로그인합니다.**

② **상단의 메뉴들 중 [도구 및 분석]이라는 메뉴를 클릭합니다.**

③ **'도구 및 분석>키워드 도구'를 클릭하면 구글의 검색엔진에서 쓰이는 키워드들에 대한 자세**
한 분석 데이터를 볼 수 있습니다.

❹ '키워드 찾기'라는 제목과 함께 키워드를 넣을 수 있는 박스가 나옵니다. 웹 사이트 및 여러 체크박스 등이 나오는데 키워드에 대한 가격을 알고 싶은 분께서는 '단어 또는 구문'의 박스에 키워드를 넣습니다.

❺ [검색]을 클릭합니다.

❻ 우측 하단의 [항목]을 누릅니다.

❼ 펼침 목록이 나오면 '항목>예상 CPC(검색)'를 체크합니다. 이것이 체크되어 있지 않으면 해당 검색어에 대한 광고 단가가 나오지 않습니다.

❽ [적용]을 눌러주시기 바랍니다.

이제 예상 CPC(검색)은 어떤지 볼까요? 블로그를 운영하면서 가장 많이 보는 광고는 보험 광고와 의류 광고, 토익 광고 등이었습니다. 여기서는 '쇼핑몰'을 검색해보겠습니다. 여러 개의 연관 검색어들이 나옵니다. 중분류와 소분류로 다시 세분화시켜서 보여주고 있습니다. 이렇게 분류된 단어 중 자신이 원하는 단어를 선택하여 '유사결과보기'를 클릭하면 세부 키워드를 볼 수 있습니다. 바로 이때 '예상 CPC(검색)' 가격을 알 수 있습니다.

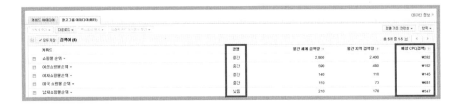

저는 '순위(10)'의 '유사결과보기'를 클릭했습니다. '쇼핑몰 순위'라는 키워드는 292원의 CPC 단가를 가지고 있으며, 단어의 경쟁 상태는 중간 정도입니다. 경쟁 상태가 '높음'으로 되어 있다면 그 단어를 이용해서 광고하는 곳이 많다는 의미입니다.

반면 '보험'과 같은 단어는 CPC가 무려 2221원으로 높게 책정되어 있습니다. 쇼핑몰의 CPC는 322원이었죠. 이처럼 쇼핑몰이나 의류 광고의 단가는 상대적으로 보험이나 스마트폰과 같은 전자 기기에 비해서 낮게 책정되어 있습니다. 이는 이 분야에 대해 광고를 달아도 상대적으로 낮은 수익을 얻게 된다는 이야기입니다.

하지만 그렇다고 해서 높은 수익의 광고만을 달 수는 없습니다. 포스팅을 할 때 단가가 높은 광고만을 타깃으로 글을 쓰다 보면 정작 방문객들이 거의 들어오지 않는 사태가 벌어지기도 합니다. 따라서 일단은 일정 수준 이상의 방문객이 들어올 수 있도록 블로그를 만들어놓은 후, 이러한 분석 툴을 이용하여 단가가 높은 광고를 공략해보는 것도 하나의 좋은 방법입니다.

내 블로그를 소개합니다

▶️ 티스토리 방문객을 늘리는 방법

방문객을 늘리기 위해 어떻게 해야 하느냐 많이 궁금하실 텐데요. 그 방법에 대해서 이야기해보겠습니다. 어떻게 하면 될까요? 간단합니다. 방문객의 입장이 되어보는 것입니다. 내가 필요한 정보가 있다면 어떻게 하시나요? 예전에는 백과사전을 찾아보거나 주변의 사람들에게 물어봤지만, 요즘은 포털사이트나 지식 검색 사이트를 이용합니다. 또한 커뮤니티 사이트에 가입을 해서 필요한 정보를 가져오기도 하죠.

이제 감이 잡히시나요? 블로그에서 가만히 글만 잘 쓴다고 해서 많은 방문객이 들어오는 것은 아닙니다. 입소문이 필요하다고 하실 수도 있지만 링크에 링크를 타서 글의 퀄리티가 높다고 소문이 나는 것은 굉장히 어렵습니다. 많은 노력이 필요해요.

이때 필요한 것은 바로 '내 블로그를 소개합니다' 프로젝트!

❶ 검색엔진에 반드시 가입한다.

❷ 내 블로그의 주제와 어울리는 카페나 모임 사이트에 자주 방문하고 의견을 남기며, 자신의 게시글에 자신의 블로그를 반드시 링크한다.

❸ 네이버 지식인 서비스나 다음, 네이트 질문에 올라온 글들에 답글을 성실히 달아주고, 출처 또는 추가 내용을 보고 싶으면 자신의 블로그로 오라고 링크를 달아준다.

❹ 기사, 포털 주요 내용 등의 글에 댓글을 남기고, 이름 또는 링크를 걸 수 있는 부분에는 반드시 자신의 블로그를 링크해놓는다.

❺ 사람들이 공유해서 보는 동영상, 사진 등에 자신의 블로그 주소를 남겨 더 많은 정보가 자신의 블로그에 숨어 있다는 것을 암시해준다.

❻ 네이트 판, 다음 아고라, 알라딘 창작 블로그 등에 글을 연재하거나 재미있는 이야기를 쓰고 고정 팬을 확보한다.

어렵지 않죠? 모두 쉽게 할 수 있습니다. 저는 주로 1~4번을 합니다. 특히 3번의 질문 부분에서는 다음의 지식인 서비스에 답글을 달면서 제 블로그의 글들을 추천하여 방문을 자연스럽게 유도했습니다. 6번 같은 경우는 알라딘에서 연재를 하기도 했습니다.

이와 같은 방법은 일반 포털사이트나 메타블로그뿐만 아니라 새로운 방문객을 유도할 수 있는 방법들입니다. 기존의 방법으로는 들어오지 않던 방문객들이 새로운 방법으로 들어옴에 따라 이들을 자연스럽게 고정 방문객으로 만들 수 있습니다. 특히 제가 연재했던 알라딘 창작 블로그는 일정 기간 꾸준히 연재하는 시스템이기 때문에 방문객들 입장에서 일반적인 포스트의 내용보다 조금 더 신뢰를 가지게 됩니다.

좀 더 자세히 살펴보겠습니다.

반복해서 말씀드리지만, 1번의 대형 포털사이트 검색엔진 가입은 이제 필수입니다. 절대 놓쳐서는 안 됩니다. 꾸준한 방문객의 유입은 바로 검색엔진을 통해서만 가능하기 때문입니다.

2번을 보죠. 블로그의 주제나 자신이 흥미 있는 인터넷 카페에 자주 방문하고 글을 남기는 것은 자신의 인지도를 높이는 행위입니다. 인지도가 높아졌다는 것은 자신의 글이나 본인 자체의 신뢰도가 상당히 올라갔다는 것이고, 그러한 신뢰도를 바탕으로 자신의 블로그를 소개한다면 방문객이 부쩍 늘어나는 모습을 확인하실 수 있습니다.

3번입니다. 지식인 서비스를 적극적으로 활용해야 합니다. 요즘은 네이버 지식인을 공략하는 마케팅 회사가 있을 정도입니다. 그만큼 많은 사람들이 사용하고 신뢰하고 있다는 것입니다. 어느 정도 자신의 위치를 네이버 지식인의 답글을 통해 높이고 링크를 활용한다면 충분히 승산이 있습니다.

4번은 일종의 도박입니다. 잘못하면 쓰레기 블로그가 될 수도 있습니다. 한마디로 욕으로 도배될 수 있다는 것이죠. 잘 판단해야 합니다. 댓글은 곧 자신의 의견입니다. 서로 의견이 비슷하다면 나의 팬이 늘어날 것이고, 서로 의견이 양분된다면 나의 적이 늘어날 것입니다. 결과적으로 방문객은 늘어나겠지만 블로그의 질은 떨어질 수 있습니다.

5번을 보죠. 동영상, 사진 등을 만들어 자신의 블로그 주소를 남기는 것입니다. 가장 확실한 방법이지 않을까 생각합니다. 콘텐츠를 직접 만들어야 하는 힘든 과정이 있지만 가장 많은 사람들에게 출처를 남기고 신뢰를 쌓을 수 있는 방법입니다.

6번 자신의 글을 연재하는 것입니다. 어느 정도 시간이 걸리고 팬이 생기지 않을 수도 있지만, 한번 팬이 생긴다면 아마 그 어느 것보다 확실한 방문객 증가로 이어질 것입니다.

외국인 방문객을 위한 번역기 위젯 달기

번역기 설치하기

블로그를 운영하다 보면 외국인도 방문한다는 것을 알 수 있습니다. 하지만 언어의 장벽을 넘지 못하고 바로 나가기 쉬운데요. 바로 이러한 외국인도 고정 방문객이 될 수 있습니다. '외국어도 잘 못하는데, 내가 무슨 수로 외국어 블로그를 만들어?'라고 생각할 수도 있지만, 우리에겐 바로 '구글 번역기'가 있습니다. 블로그에 구글 번역기를 달아서 페이지 전체를 번역해버리는 것이죠.

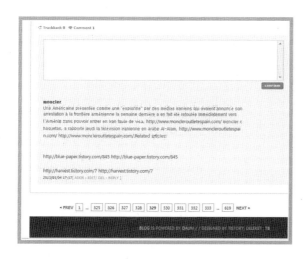

제 블로그를 보면 외국 스팸이 자주 댓글로 달립니다. 위의 그림도 옷을 사라고 남긴 외국인의 댓글입니다. 물론 스팸은 좋지 못한 것이지만 이는 곧 외국에서도 블로그를 들어온다는 것을 의미하기에 그런 분들을 위해 번역기를 달기로 했습니다.

보통 사람들은 외국에서 들어오는 방문객은 신경 쓰지 않는 편입니다. 외국어로 블로그를 만드는 것이 쉬운 것도 아니고, 특히 수익형 블로그는 더더욱 외국인들까지 신경 쓰지 못하는 것이 사실입니다. 그러나 수익을 위해서라면 외국에 관심을 가져야 합니다. 우리나라보다 일본이나 미국, 유럽 같은 국가들의 광고 단가가 더욱 비싸니까요. 만약 그들이 광고를 눌러준다면 수익은 상상할 수 없을 정도로 늘어날 것입니다. 물론 많이 들어온다는 가정에서 말이죠.

그래서 번역기를 블로그에 다는 방법에 대해서 간단히 소개해드릴까 합니다. 물론 100% 완벽하지는 않습니다. 그래도 읽을 만합니다. 기존의 번역기는 구글 번역기 홈페이지에서 블로그 주소를 입력하는 것이었습니다. translate.google.com에서 주소를 입력하고 번역이 잘되기를 기대했죠. 하지만 번역기 위젯이 등장하면서 일일이 방문할 필요가 없어졌습니다.

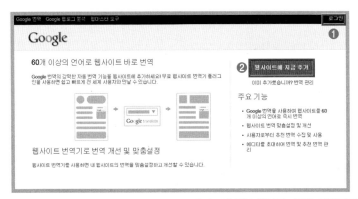

❶ translate.google.com/manager/website에 접속합니다. 구글 아이디가 필요합니다. 아이디가 있다고 가정하겠습니다. 상단의 [로그인]을 눌러 로그인합니다.

❷ 로그인 후 [웹사이트에 지금 추가]를 클릭합니다.

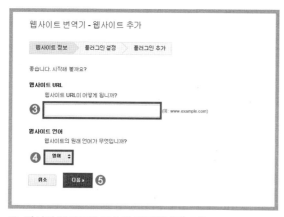

❸ 자신의 웹사이트 주소를 입력합니다. 저는 nacustomer.tistory.com을 입력하겠습니다.

❹ 언어는 '한글'을 선택합니다.

❺ [다음]을 클릭합니다.

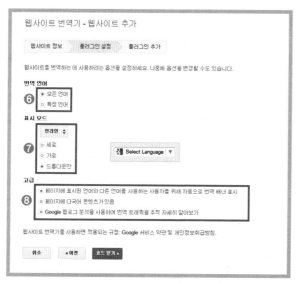

❻ '특정 언어'를 클릭하면 언어를 선택할 수 있습니다. 저는 '모든 언어'를 선택했습니다.

❼ 어떤 위젯 종류로 할지 선택합니다.

❽ '고급'에서는 블로그에 접속하는 유저에게 번역기에 사용되는 언어를 자동적으로 사용자의 언어에 맞추겠냐는 기능이나 페이지에 여러 언어가 있는지 여부 등을 확인 후 선택할 수 있습니다.

웹 사이트 번역기 - 웹 사이트 추가

웹사이트 정보 ⟩ 플러그인 설정 ⟩ 플러그인 추가

준비가 완료되었습니다. 이제 코드에 대해 알아보죠.

이 코드를 웹사이트에 붙여넣으세요.

번역하려는 모든 페이지에 다음 코드 스니펫을 복사하여 붙여넣습니다.

메타 태그를 닫는 \</head> 앞에 배치합니다.

```
<meta name="google-translate-customization" content="b6ef01d9421632a-
b890f44fd5768e1a-gba5f93fbc04f2166-16"></meta>
```
⑨

페이지에서 웹사이트 번역 플러그인을 표시하고 싶은 위치에 이 스니펫을 배치합니다.

```
<div id="google_translate_element"></div><script type="text/javascript">
function googleTranslateElementInit() {
  new google.translate.TranslateElement({pageLanguage: 'ko', layout:
google.translate.TranslateElement.InlineLayout.HORIZONTAL}, 'google_translate_el
ement');
}
</script><script type="text/javascript"
src="//translate.google.com/translate_a/element.js?
cb=googleTranslateElementInit"></script>
```
⑨

테스트해볼까요?

이제 자동 표시 모드 옵션을 선택하지 않는 한 페이지에 언어 선택기가 표시됩니다.

[Select Language ▼]

선택기를 클릭하여 페이지를 번역하세요. 나중에 언제든지 '설정'을 방문하면 다시 코드를 받을 수 있습니다.

[번역 관리]

⑨ 마지막 단계에서는 블로그 HTML/CSS 탭에 넣는 코드가 제공됩니다. 상단의 코드는 \</head> 이전에, 하단의 코드는 원하는 곳에 삽입하면 되는 건데요. 블로그의 구글 번역 위젯 스크립트로 이용할 수 있습니다.

⑩ 저는 사이드바 상단에 번역기 위젯을 달았습니다.

⑪ 언어를 선택하는 위젯 아래에 국가의 국기를 달아놓았습니다. 국가의 국기를 클릭하면 해당 나라의 언어로 번역됩니다.

230

구글 애드센스 단가는 우리나라보다는 외국이 대체적으로 높습니다. 아시아는 미국이나 유럽의 광고 단가가 높기 때문에 이런 국가의 사람들이 방문해서 광고를 클릭해줄 경우 상당히 높은 수익을 얻을 수 있습니다. 그래서 영어나 일본어를 잘하는 분들은 자신의 블로그를 일본어나 영어로 만들어 구글에 등록시키는 경우도 종종 있습니다. 같은 1천 명의 방문객이 들어오더라도 우리나라 사람들이 들어올 때보다 외국인이 들어올 때 수익이 많기 때문입니다. 외국인도 절대 놓쳐서는 안 되겠죠?

외국 포털사이트에 등록하기

📷 야후 재팬에 사이트 등록 신청하기

내 블로그가 세계화되는 방법, 어떠신가요? 그냥 말로만 들었을 때는 어렵게 생각될지 모르지만 결코 어렵지 않습니다. 저는 일본의 검색 시장을 장악하고 있다는 야후 재팬에 사이트 등록을 신청했습니다. 이유는 리퍼러referrer(어떤 경로를 통해 방문했는지 알 수 있는 기록)를 보니 생각보다 일본 방문자가 많았기 때문입니다.

야후 재팬에 사이트를 등록하는 방법은 간단합니다. 야후 재팬 카테고리에 들어가서 등록을 원하는 카테고리를 선택합니다. 우측의 '사이트 등록·변경·삭제サイトの登録·変更·削除'에서 '사이트를 등록·변경하고 싶다サイトを登録·変更したい'를 누르면 됩니다. 그러면 등록됐는지 확인하고 정보를 입력하는 몇 가지 절차를 거친 후, 신청이 완료됐다는 이야기가 나옵니다.

하지만 일본어를 잘 모르면 이 모든 과정이 굉장히 어렵죠. 이때 필요한 것은 바로 구글 번역기! 저도 구글 번역기를 통해서 쉽게 등록할 수 있었습니다. 그 방법을 알아보겠습니다.

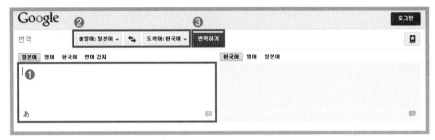

❶ 구글 번역기에 들어가 add.yahoo.co.jp/bridge?catid=2077843524를 입력합니다.

❷ '출발어:일본어', '도착어:한국어'를 선택합니다.

❸ [번역하기]를 클릭합니다.

❹ 등록할 주소를 입력합니다.

❺ [사이트 추천 이전 확인]을 클릭합니다.

　　문제는 여기서부터입니다. 구글 번역기를 돌려도 메인만 번역이 되며, [사
이트 추천 이전 확인]을 누르면 그다음부터는 모두 일본어로 나옵니다. 단계
는 그림과 같이 총 5가지 단계로 나뉘어집니다.

| 1.推薦カテゴリの確認 | 2.サイトの推薦への同意 | 3.サイト情報の入力 | 4.入力内容の確認 | 5.終了 |

- ❶ 推薦カテゴリの確認: 추천 카테고리 확인
- ❷ サイトの推薦への同意: 사이트 추천 동의
- ❸ サイト情報の入力: 사이트 정보 입력
- ❹ 入力内容の確認: 입력 내용 확인
- ❺ 終了: 종료

어떤 단계로 진행되는지 알았으니 순서대로 진행해보겠습니다.

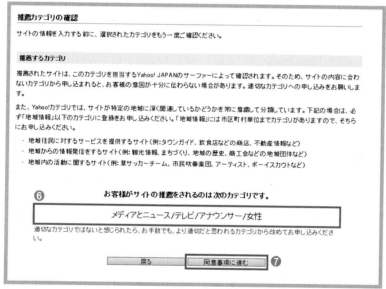

❻ 카테고리를 다시 한 번 확인합니다.

❼ [동의(同意事項に進む)]를 클릭합니다. 만약 카테고리가 잘못되었다면 왼쪽의 [돌아간다 (戻る)]를 클릭하면 됩니다.

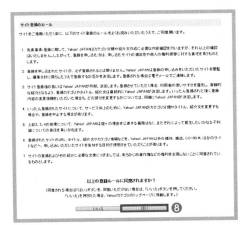

❽ 다음 단계인 '2. 사이트 추천 동의(サイトの推薦への同意)'에서는 '사이트 등록 규칙(サイト登録のルール)'이 나옵니다. 무슨 내용인지 궁금하시다면 번역기를 돌려 읽어보신 후, 동의하시면 [네(はい)]를 클릭합니다. '以上の登録ルールに同意されますか？'는 '이상의 등록 규칙에 동의하십니까?'입니다. 이때 왼쪽의 [아니오(いいえ)]를 클릭하면 야후 재팬 카테고리의 첫 페이지로 이동합니다.

⑨ 본격적으로 블로그에 대한 정보를 적는 란입니다. 영어로 적으세요. 모두 적을 필요 없이 빨간색으로 '※필수(必須)'라고 적힌 부분과 '※외국의 경우 필수(海外の場合必須)'를 입력하시면 됩니다.

ⓐ 電子メールアドレス: 메일 주소. 확인을 위해 한 번 더 입력해주세요.

ⓑ サイトのタイトル: 사이트 타이틀. 20자 이내로 입력하시면 됩니다. 영문으로 입력하시는 것이 글자가 깨지지 않고 좋습니다.

ⓒ サイトのタイトル(ふりがな): 사이트 타이틀(후리가나). 위와 똑같이 입력하시면 됩니다.

ⓓ 所在地情報(海外の場合): 주소지 정보(외국의 경우)

ⓔ 國·地域名: 나라·지역명. '韓國(大韓民國)'을 선택합니다.

⑩ 가장 하단에 있는 [입력 내용 확인(入力内容の確認)]을 클릭하면 다음 단계로 넘어갑니다.

⑪ 신청한 것이 제대로 되었는지 확인 후 [신청(申し込み)]을 클릭합니다. 왼쪽의 [입력 내용 수정(入力内容の修正)]을 클릭하면 전 단계로 이동합니다.

⑫ 등록을 신청해주셔서 감사하다는 글이 나오고 신청이 완료됩니다.

사람들의 시선에 주눅 들지 말자

📋 수익형 블로그에도 방문객이 원하는 것이 있다

수익을 얻기 위해 블로그를 운영하려는 사람들 혹은 전업 블로거도 상당히 많은 편입니다. 파워블로거라는 용어는 많이 들어보셨을 것입니다. 인터넷 상에서 연예인 못지않은 인기와 언론 못지않은 광고 파괴력을 가진 이들을 우리는 파워블로거라고 부릅니다.

파워블로거를 추구하는 사람도 있습니다. 많은 방문객이 자신의 블로그에 들어왔으면 하는 바람과 함께 자신이 달아놓은 구글 애드센스 광고를 많이 클릭해주기를 바랄 것입니다. 이들은 일반인이기에 방문객을 끌어들일 만한 글 솜씨는 가지고 있지 않습니다. 하지만 이들은 그다지 뛰어나지 않은 글 솜씨로 부단히 글을 씁니다. 물론 애드센스 광고를 꾸준히 달면서요. 그렇기에 다른 사람들은 이들을 광고를 위해 블로그를 만들고, 광고를 위한 블로그이기 때문에 저품질 블로그 또는 광고용 블로그라고 합니다.

자신은 최선을 다하지만 타인이 저품질이라고, 광고용이라고 비하하면 화가 날 수 있습니다. 하지만 광고용이라고 해서 반드시 나쁜 블로그라고 할 수 있을까요? 아닙니다. 제 블로그 5개 중 1개는 구글에서 저품질 블로그라 지정했으며, 또 다른 1개는 네이버와 네이트에서 저품질이라고 했습니다. 검색 자체가 안 되는 것이죠. 하지만 3개는 모두 저품질에 걸리지 않았으며, 각종 검색어로 검색하였을 때 첫 페이지에 나오는 것들이 상당히 많았습니다.

비슷한 형식으로 블로그를 운영하는데 왜 저품질에 걸리지 않고 잘 운영하는 걸까요? 수익을 위해 구글 애드센스 광고 위주로 포스팅함에도 다른 파워블로거들과 비슷한 수준의 방문객을 이끌어낼 수 있는 걸까요? 이러한 블로그는 '나쁜 블로그'일까요?

제 블로그에서도 많은 지식과 새로운 소식을 얻어가시는 분들이 계십니다. 많은 격려와 감사의 댓글을 달아주시는 분들도 있습니다. 구글 애드센스 수익을 위해 블로그를 운영한다고 하더라도 결국 블로그 포스팅은 블로거의 생각이고, 세상의 이슈이며, 검색해서 들어오는 방문객이 원하는 정보입니다. 방문객들이 원하는 정보를 주고, 나는 광고 수익을 얻는 윈윈 전략을 사용하는 것이 바로 수익형 블로거들이 취해야 하는 자세인 것입니다. 이러한 방법을 비난하는 사람이 있다면, 그 사람에게 되묻고 싶습니다.

"과연 당신은 어떤 식으로 글을 써야 인정해줄 것입니까?"

과거의 블로그에서 광고는 하나의 덤이었습니다. 자신이 좋아하는 주제를 포스팅하였을 때 방문객이 들어오고, 들어온 방문객이 주제와 어울리는 광고를 보았을 때 호기심을 가지고 클릭해주면서 얻는 수익, 이런 수익은 자신이 좋아하는 것을 하면서 얻을 수 있는 최고의 선물이었던 것입니다.

하지만 현재는 배보다 배꼽이 더 큰 상황이 되었습니다. 배꼽이었던 블로그의 광고로 수익을 얻는 사람들이 많아졌습니다. 수익형 블로그 중에서도 비난받는 것은 제목과 내용이 매치되지 않는다거나 원색적인 글만을 쓰는 블로그입니다. 수익형이지만 정보를 전달하고 원색적이지 않은 글을 쓰는 블로그는 일반 블로그와 다를 게 없습니다. 다만 광고가 있을 뿐이죠. 이슈나 사람들의 관심을 끄는 주제로 포스팅하고 구글 애드센스 광고를 달았으나 내용이 조금 부실할 경우에는 나쁜 블로그라고 하기보다는 조금 부족한 블로그라고 이해하고 격려해줘야 하는 것은 아닐까 생각합니다. 초보 블로그 운영자이거나 인터넷이나 컴퓨터에 서툰 사람일 수 있습니다. 혹은 자신이 알고 있는 정보를 제공함으로써 수익을 얻으려는 블로그일 수도 있습니다.

수익만을 얻기 위한 블로그는 없습니다. 방문객을 속이는 블로그는 비난

받아 마땅합니다. 하지만 방문객에게 정보를 전달하면서 수익을 얻기 위해 노력하는 블로그에 대해서는 비난보다는 격려해주는 문화가 정착이 되었으면 좋겠습니다.

체계적으로 운영하자

▶ 하루에 올려야 하는 포스트의 최소 숫자 정하기

블로그로 수익을 얻기 위해서는 체계적인 방법이 필요합니다. 보통 하루에 몇 개의 포스팅을 블로그에 올리시나요? 하나의 블로그에 올릴 수 있는 최대 개수는 정해져 있지 않습니다. 따라서 일단 블로그에 올리는 포스트의 숫자는 많으면 많을수록 좋습니다. 예전에는 다음 뷰, 믹시와 같은 메타블로그에서 일일 최대 포스트의 숫자를 3개로 제한을 두었고, 그 숫자를 초과하면 해당 블로그의 포스팅 점수를 낮추어 메인에서 떨어뜨리는 정책을 펼치기도 하였습니다. 하지만 최근에는 그러한 행동이 많이 줄어들었습니다. 따라서 수익을 내기 위해 많은 포스팅을 쓰는 블로거들은 메타블로그를 공략하기도 합니다.

대표적인 예로 스포츠 하이라이트나 골 모음, 음악 방송의 짧은 동영상 등을 올려놓고 사람들의 이목을 집중시킨 후, 메타블로그와 포털사이트를 동시에 노리는 방법입니다. 순간적인 이슈로 많은 사람이 몰리게 되고 광고 수익 역시 방문객 숫자에 비례하여 상승하게 되는 효과를 노린 것이죠.

그렇다면 과연 하루에 2시간 블로그를 할 때, 올려야 하는 최소 포스트의 숫자는 얼마여야 할까요? 제가 생각하는 일일 포스트의 숫자는 2~3개입니다. 단 멀티블로그를 운영하고 있다는 조건에서입니다. 하나의 블로그만 운영하고, 자신이 파워블로그가 아니라면 더 많은 숫자의 포스팅을 해야 합니다.

왜 2~3개일까요? 일단 하나의 주제를 정하기 위해서는 시간이 소요됩니다. 주제를 정하고, 머릿속으로 그 주제에 대해 어떤 식으로 풀어나갈 것인지 정해야 하며, 그에 관한 텍스트와 사진 자료를 수집해야 하는데 걸리는 시간이 대략 10~20분 정도 소요됩니다. 빠르게 글을 쓴다고 하더라도 하나의 포스팅을 완성하기까지 걸리는 시간은 대략 30분 정도입니다. 이 경우의 포스팅은 단순한 정보 전달의 포스팅이 아닌 노력이 들어간 포스팅이 되겠죠?

간단하게 신문과 뉴스를 보며 실시간 검색어에 올라가 있는 단어를 주제로 글을 쓰게 된다면 그 시간은 1/3? 1/4? 그 이상으로 줄어들게 될 것입니다.

이렇게 30~40분 정도에 하나의 포스팅을 쓰게 된다면, 다른 블로그에도 그와 비슷한 혹은 똑같은 주제로 글을 써야 합니다. 이때 주의해야 할 점은 원본 블로그와 제목을 똑같이 쓰면 안 된다는 것입니다. 또한 내용의 배열이나 위치도 달라야 하며, 메인 사진 역시 다른 사진으로 달아야 합니다. 태그는 똑같아도 크게 상관은 없지만 메타블로그, 특히 다음 뷰에 게시할 때는 다른 분야로 게시해야 합니다. 같은 분야로 동일한 내용이 계속 게시될 경우 티스토리 측에서 제재를 가할 수도 있습니다.

이런 식으로 주의하면서 하루에 3개, 많게는 4개까지 자신의 메인블로그와 여러 서브블로그에 글을 나누어 쓴다면, 차후 점차 누적이 되어가면서 다양한 현상을 맞이하게 될 것입니다.

그 첫 번째 현상이 저품질 블로그에 걸리는 것입니다. 비슷한 내용, 비슷한 주제, 비슷한 제목으로 글을 쓰기 때문에 다음, 네이버, 네이트 심지어는 구글에서도 하나의 블로그는 좋은 블로그로 인식하고 다른 하나의 블로그는 복사 블로그로 인식하여 저품질 블로그로 선정시킬 것입니다. 이때 저품질 블로그에 걸리게 되면, 해당 포털사이트의 검색에서 배제되거나 가장 하위 페이지에 노출됩니다. 실제로 그 검색어를 치게 된다면, 거의 마지막 페이지 쯤에 위치해 있는 자신의 글을 볼 수 있을 것입니다.

두 번째로는 광고 게재 중지라는 위험을 분산시킬 수 있습니다. 포스팅하다 보면 자신도 모르게 구글 애드센스의 규정을 위반할 때가 종종 있습니다.

방문객이 많지 않다면 구글에서는 대수롭지 않게 넘어갑니다. 하지만 방문객이 많은 블로그는 구글 애드센스에서 직접 찾아내거나 방문객의 신고로 광고가 중단되는 위기를 맞이하게 됩니다. 물론 그 포스팅을 삭제하거나 수정한 후 구글에 다시 재검토 요청하면, 광고는 다시 풀어지지만 그 시간이 최소 2~3일, 길게는 일주일 이상이 걸립니다. 그동안 해당 블로그의 구글 애드센스 광고 수익은 제로가 됩니다. 하나의 블로그만 운영하면 이런 상황이 벌어질 때 거의 일주일이라는 기간 동안의 수익이 0원이 되지만, 여러 개의 블로그 중 하나의 블로그에서 이러한 일이 발생한다면 나머지 블로그에서의 수익은 그대로 보존하면서 광고 재개 기간을 기다릴 수 있습니다.

또한 위험을 감소시키는 효과뿐만 아니라 다양한 주제로 자신의 감정을 표현할 수 있고, 각각의 블로그에 여러 색깔을 입혀 운영할 수 있습니다. 그리고 블로그들끼리 링크를 걸어 방문한 사람들이 포스팅을 읽은 후 다른 곳으로 이동한다면, 자신의 구글 애드센스 광고 수익은 한사람을 통하여 2배의 효과를 얻을 수 있는 일석이조의 장점까지 있습니다.

따라서 멀티블로그를 가지고 있다면 퀄리티가 높은 글을 하루에 2~3개 정도는 꾸준히 올려주세요. 그래야 사람들이 이 블로그는 활동 중인 블로그라 인식하고, 꾸준히 방문하여 자신의 의견을 남겨줄 것입니다. 블로그를 살리는 것은 전적으로 블로거에게 달려있습니다. 하루에 10개 올리고 10일을 쉬는 것보다는, 하루에 1개씩 10일을 올리는 것이 블로그를 운영하는 데 최고의 길임을 명심하세요.

블로그의 글은 예술 작품이 아니다

🖐 하나의 포스트에 너무 열을 올리지 말자

블로그는 뉴스를 전달하는 매개체입니다. 일종의 인터넷 신문이라고 보면 됩니다. 사람들은 보통 자신이 원하는 정보를 얻기 위해서 블로그를 많이 찾습니다. 이때 블로그는 뉴스나 신문에 비해 해당 내용에 대해 일반적으로 조금 더 많은 정보를 가지고 있습니다. 뉴스나 신문을 보고 글을 쓰면서 자신의 느낌이나 생각을 추가로 쓰고, 해당 내용에 대한 사진이나 동영상도 캡처혹은 첨부하여 넣기 때문입니다. 더 자세한 글을 읽을 수 있는 것이죠.

하지만 대다수의 블로그는 이렇게 하지 못합니다. 이슈에 대한 글을 쓰고 간단히 자신의 의견을 싣는 것이 대부분입니다. 저는 이것만으로도 충분하다고 생각합니다. 블로그는 다양한 성격이 있습니다. 논설문의 형식으로 써서 사람들에게 자신의 의견을 각인시키는 포스팅이 있는가 하면, 간단한 정보와 느낌을 전달하여 사람들에게 공감을 불러일으키는 포스팅도 있습니다. 방문객의 기호 또한 다양하기 때문이죠.

따라서 자신의 글 수준이나 자신이 생각하는 블로그의 성격을 빠르게 판단하고 그에 맞는 글 형식이나 포스트의 양식을 정해서 글을 쓰는 것이 중요합니다. 우리나라의 최근 이슈를 중심으로 빠른 포스팅을 작성하여 많은 방문객을 끌어들이는 전략을 가진 블로거는 굳이 글을 자세히 쓸 필요가 없습니다. 그저 간단하게 정보를 전달하고 사람들이 이해할 수 있는 선에서 글을 마무리 지으면 그만입니다.

블로그 포스팅은 멋진 예술 작품을 만들어내는 과정이 아닙니다. 자신의 의견과 사람들이 원하는 정보를 묶어 방문객이 그 내용을 볼 수 있도록 공유하는 장소일 뿐입니다. 남들이 멋지게 글을 쓰고, 사람들의 의견을 조율하여 가르치는 분위기의 블로그를 만든다고 나 역시 그런 블로그를 만들 필요는 없습니다. 방문객이 원하는 정보만 간단하게 전달하고 방문객의 의견을 수렴해서 또 다른 포스트를 만들어내는 블로그를 만들어보는 것도 좋다고 생각합니다.

블루오션에 들어가기 전에 레드오션을 체험하자

■ 레드오션 속에서 주제 찾기

경쟁이 심한 주제라고, 너무 대중적인 주제라고 해서 포기하실 건가요? 경쟁이 치열해서 준비를 한다고 해도 밀릴 것 같으니까 시작조차 안 하실 건가요? 그대로 그 시장을 외면할 건가요? 그렇다고 해서 그 시장을 포기하고 새로운 시장을 개척하기에는 가진 경험도 짧고, 새로운 시장이 잘될 것이라는 확신 또한 크지 않을 것입니다.

고속도로를 예로 들어볼까요? 서울에서 부산까지 고속도로를 이용해서 가는 사람들. 하지만 많은 사람들이 가기에 내려가는 시간이 오래 걸릴 것 같아 국도와 지방도로를 이용해서 가려고 합니다. 추석이나 설과 같은 명절 때는 옳은 선택일 수도 있습니다. 하지만 평일에 고속도로를 이용하지 않고 국도와 지방도로를 이용하여 자신만의 길을 만들어간다면, 서울에서 부산까지 가는 시간이 과연 얼마나 걸릴까요?

블로그도 똑같습니다. 일일 방문객 1만 명을 목표로 하여 남들과 비슷한 주제로 가는 블로거와 자신만의 주제로 비인기 종목이지만 뚝심을 가지고 포스팅을 해나가는 블로거는 목표까지 완료되는 시간과 노력 그리고 도달해 나가는 과정이 조금 다를 뿐입니다. 후자가 조금 더 늦지만 한번 잘 닦아놓는다면 다른 블로거들이 침범할 수 없는 나만의 영역을 만들게 되는 최고의 결과를 만들지도 모릅니다.

또한 이미 포화된 주제라고 해서 내가 들어갈 수 없는 것은 아닙니다. 고속도로에 차가 많다고 해서 내 차가 못 들어가지 않는 것과 같은 이유입니다. 그들과 함께 섞이면서 조금씩 나만의 길을 찾아나가는 것도 하나의 방법입니다. 경부고속도로만 계속 타고 가는 것이 아닌 중부고속도로를 타고 가다가 도중에 국도나 지방도로로 빠지는 방법도 있기 때문입니다.

처음 가는 길이 레드오션이라고 해서 끝까지 레드오션은 아닙니다. 처음부터 블루오션을 찾아가는 것은 어렵지만 레드오션에서 블루오션을 찾는 것은 무에서 유를 창조하는 것보다는 쉬울지 모릅니다. 레드오션에서 블루오션으로 가는 길은 다음과 같습니다.

- 먼저 남들이 한 것을 따라해보자.
- 사람들이 원하는 것, 사람들이 필요로 하는 정보를 구분하자.
- 사람들이 원하는 정보를 정리하자.
- 정리한 정보를 토대로 자신이 좋아하거나 잘하는 주제를 간추리자.
- 네이버, 네이트, 다음 등의 카테고리를 보고 내가 간추린 주제와 비교하여 블로그나 웹사이트 숫자를 확인해보자.
- 그 주제의 블로그나 웹사이트 수와 방문객이 적다면 이 주제는 두 가지로 나누어 볼 수 있다.
  - 사람들이 아직 찾지 못한 블루오션(사람들이 원하는 정보나 웹상에 부족)
  - 사람들이 호기심을 일으키지 않거나 원하지 않는 정보
- 정보를 분석하여 사람들이 아직 찾지 못한 블루오션에 속한다면 내 블로그 주제를 이것으로 정한다. 하지만 그것이 아니라면 과감하게 그 주제를 버리고 새로운 주제로 간다.

저 역시 블루오션으로 가기 위해 꾸준히 노력하였습니다. 레드오션인 스타, 연예인, 스포츠를 메인으로 시작해서 점차 세분화했습니다. 스타들의 이슈, 스포츠 중에서도 야구와 축구로 세분화하였고, 이후에는 야구 중에서도 제가 좋아하는 팀 위주의 글과 데이터를 중심으로 글을 쓰기 시작하였습니다. 답글 역시 야구와 제가 좋아하는 팀에 관한 글이 많았으며, 이후 제 블로그는 야구에 관한 내용과 정보가 많은 블로그로 점차 변해갔습니다. 레드오션 속에서 블루오션을 개척한 것이죠. 꾸준한 노력만 있다면 여러분도 하실 수 있습니다.

신규 방문객을 노려라

고품질 블로그와 수익형 블로그의 차이

하나 또는 두 개 정도의 주제를 가지고 깊숙이 파고들어 양질의 정보를 전달하는 블로그가 있습니다. 충성심 높은 많은 독자층을 확보하고 있습니다. 하지만 블로그를 방문하는 사람들은 이런 사람들만 있는 것이 아닙니다. 무심코 클릭하거나 실시간 검색어에 올라온 내용이라 호기심에 클릭하는 사람들도 많습니다.

그렇다면 충성심 높은 방문객과 호기심에 클릭해서 들어온 방문객 중 과연 어떤 방문객이 자신의 구글 애드센스 광고를 더 잘 눌러줄까요?

처음 방문한 방문객일수록 광고를 클릭해줄 확률이 높습니다. 자주 방문하는 방문객은 그 부분에 있는 광고들이 점차 자신에게 불필요한 것이라는 것을 느끼기 때문입니다. 광고는 포스트의 주제와 비슷한 내용으로 실리는데, 자신의 블로그에 처음 방문하는 방문객 같은 경우에는 그 광고까지도 자신이 필요한 정보로 인식하고 클릭하는 경우가 많습니다. 하지만 자주 방문하는 방문객은 광고라는 사실을 인식하기 때문에 클릭률이 현저히 떨어집니다. 제 블로그는 신규 방문객과 충성심 높은 방문객의 비율이 7:3정도이며, 신규 방문객과 충성심 높은 방문객의 광고 클릭 비율은 9:1정도였습니다.

야구와 축구를 주제로 한 블로그가 있습니다. 누적 방문객은 350만 명이 넘습니다. 그리고 일반적인 연예, 실시간 검색 순위를 다루는 블로그가 있습니다. 누적 방문객은 75만 명 정도 됩니다. 언제부터 만들어졌는지 얼마나 잘 꾸며졌는지는 상관이 없습니다. 두 블로그의 배경 스킨과 광고의 위치는 동일합니다. 이 두 블로그 모두 일일 방문객이 4천~5천 명일 때, 구글 애드센스 수익의 차이는 얼마나 될까요?

정답부터 이야기하자면 처음 이야기한 야구와 축구를 주제로 한 블로그는 하루에 약 4~5달러 정도의 수익을 거두며, 두 번째 블로그는 15~20달러 정도의 수익을 거둡니다. 왜 이런 차이가 날까요? 바로 방문객의 질적인 차이라고 볼 수 있습니다.

첫 번째 블로그는 충성심 높은 방문객이 많이 찾아옵니다. 말 그대로 저의 철저한 분석 글을 읽으러 들어오는 독자들입니다. 두 번째 블로그는 고정 독자는 거의 없으며, 늘 검색엔진을 통해서 새로 들어오는 분들이 대부분입니다. 정확히 말하자면 첫 번째 블로그는 질 높은 수준의 글을 읽기 위해 들어오는 질 높은 방문객이며, 두 번째 블로그는 일반적인 세상 돌아가는 이야기를 흥미 삼아 보기 위해 들어오는 질 낮은 방문객이라고 말할 수 있겠습니다. 이 둘의 차이는 곧 구글 애드센스에서의 수익의 차이라고 말씀드릴 수 있습니다. 위에서 말한 질 높음과 낮음의 차이는 블로그의 전체적인 포스트를 이해하고 블로거와 소통을 나누는 방문객과 그렇지 않은 방문객의 차이입니다.

따라서 구글 애드센스의 높은 수익을 기대하려면 이러한 독자층의 성격도 파악해야 합니다. 일시적인 독자들은 그 이슈가 없으면 들어오지 않는 방문객들이기 때문에 꾸준히 이슈를 만들어 포스팅해야 하는 단점이 있습니다. 하지만 고정 방문객은 글을 꾸준히 양산하지 않더라도 소통을 위해 재방문해주는 빈도가 높다는 장점이 있습니다. 수익만을 위한 정보 전달의 블로그를 만들 것인지, 서로 소통을 하는 고품질 블로그를 만들 것인지는 블로거의 판단에 달렸습니다. 하지만 광고의 수익의 비율은 크게 다르다는 것을 명심하고 블로그를 운영하시기 바랍니다.

내가 관심이 없어도 방문객이 관심 있다면 그 주제를 택하라

📌 나보다 방문객이 우선!

주제 선정, 참 어렵습니다. 앞에서 한 가지 주제보다는 다양한 주제를 선정해서 하라고 말씀드렸었는데요. 바로 이 다양한 주제를 정하는 것도 어려운 일입니다. 자신이 흥미를 가지고 있는 분야의 글을 쓰는 것은 쉽습니다. 머릿속의 경험을 잘 정리해서 풀어나가면 되기 때문입니다. 하지만 과연 방문객들이 나의 글에 호응을 해줄까요? 내가 흥미 있어 하는 분야에 다른 방문객들도 흥미를 가지고 있을까요? 바로 그 부분이 의문입니다.

대런 로우즈와 크리스 개럿의 『프로블로거』에서는 이렇게 말하고 있습니다.

> **가장 관심이 가고 열정적으로 매달리는 주제가 무엇인지 확실히 하라는 것이다. 다른 사람들이 관심 있어 하고, 상업적으로 성공할 것 같은 아이템이라 하더라도 정작 본인이 관심이 없다면 그 주제를 택해선 안 된다.**

일단 이 말에 대해서는 공감을 합니다. 관심이 없는 주제의 글을 쓰는 것은 괴로운 일입니다. 재미도 없을뿐더러 사람들을 설득시키기 위해서는 그 주제를 공부하고 알아야 하기 때문입니다. 그러나 저는 공감은 하지만 동의하지는 않습니다. 다른 사람들, 즉 거의 대부분 사람들이 관심을 가지고 있는 주제와 상업적으로 성공할 것 같은 아이템은 곧 수익과 직결되기 때문입니다. 본인이 관심이 없다고 그 주제를 포기해야 할까요?

지금 여러분은 하루에 2시간은 투자하여 월 1천 달러를 목표로 달리는 사람들입니다. 대학생이나 투잡을 원하는 직장인이 편의점 아르바이트나 주유소, 식당, 신문 배달, 우유 배달 등의 아르바이트에 원래부터 흥미가 있고, 관심이 있었기 때문에 눈여겨보는 걸까요? 그렇지 않습니다. 돈을 벌기 위해서 하는 것입니다.

내가 관심이 없다고 해서 상업적으로 성공할 수 있는 금광이 눈앞에 있는데 '난 별로 관심이 없어. 돈에는 관심이 있지만 금광에서 일하는 것은 내 품위에 안 맞아. 난 신문 배달이나 해야지!'라는 마음으로 과감하게 뒤돌아설 사람들이 과연 몇이나 있을까요? 지금 구글 애드센스를 달고 블로그를 운영하며, 수익을 얻으려는 분들의 관심은 포스트의 주제가 아니라 구글 애드센스의 수익이 바로 관심인 것입니다.

따라서 자신의 관심인 수익을 증대시키기 위해서는 상업적으로 성공할 아이템이나 대부분 사람들이 관심을 가진 주제라면 반드시 뛰어들어야 하고, 꼭 자신의 것으로 만들어야 합니다. 직장인이 내가 하는 일에 관심이 없다고 직장 때려치고, 초등학생이나 중학생이 의무교육인 학교가 자신의 관심이 아니라며 중퇴하는 일이 없는 것처럼 높은 수익이 최종 목적이라면 반드시 그 수익을 위해 주제를 정하고 도전해야 합니다.

독자들이 나의 글에 흥미를 느끼지 못하고 안 들어올까요? 네, 그럴 수도 있습니다. 하지만 글을 쓰다 보면 모든 독자들의 마음에 드는 것은 불가능합니다. 세계에서 유명한 스타도, 항상 선행을 베푸는 사람에게도 안티가 있으며 반대 세력이 존재합니다. 내 글이나 포스팅이 비록 미약할지라도 제목과 내용의 배치, 그리고 사람들에게 자신의 꾸준한 열정을 보여준다면 반드시 성공할 것이라고 생각합니다. 특히 요즘은 인터넷에서 많은 정보를 수집할 수 있습니다. 즉 자신이 선택한 주제와 비슷하거나 동일한 주제를 가진 다른 블로그나 웹사이트가 많이 있다는 것입니다. 롤모델을 정하여 최대한 모방하고 배우시기 바랍니다. 창조의 어머니는 모방입니다. 어렵다면 일단 배우면 됩니다.

애드센스로 돈 벌었으면 기업은행으로 돈 찾으러 가자

웨스턴 유니온 퀵 캐시 찾기

한 달에 100달러 이상 번 당신! 이제는 직접 돈 찾으러 가봐야 하지 않을까요? 이제 수익금을 찾는 방법을 알려드리겠습니다.

먼저 '기업은행'으로 가세요. 물론 이때는 '웨스턴 유니온 퀵 캐시'로 수익을 설정해놓아야 합니다. 매월 말, 100달러가 넘을 경우 구글 애드센스에서 수익을 지급해줍니다. 계정에 수익이 100달러 이상이 쌓이게 되면 수동이 아닌 자동으로 지급되는 시스템이죠. 저는 매월 24~26일쯤 수익이 들어오고 있습니다.

웨스턴 유니온 퀵 캐시를 찾을 수 있는 기업고객 전용 창구

미국 수표로 받을 경우 배송 기간이 5주 정도 걸리고, DHL을 이용할 경우 일주일입니다. 그리고 여기서 수수료가 붙습니다. 웨스턴 유니온 퀵 캐시를 신청하면 수수료도 없으며 MTCN 번호만 알면 수익을 받을 수 있습니다. 만약 MTCN 번호가 생성이 되었는데 60일 동안 수익을 찾아가지 않으면 지급이 보류됩니다. 따라서 매월 꼬박꼬박 수익을 찾아가시는 것을 추천합니다.

월말에 100달러가 넘어 MTCN 번호를 발급받았다면 자신의 신분증을 들고 가까운 기업은행으로 가세요. 현재 우리나라에서 '웨스턴 유니온 퀵 캐시'를 다루기에는 기업은행이 가장 좋습니다.

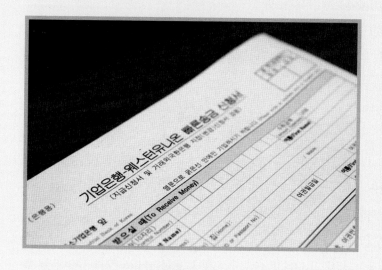

기업은행에서도 아무 창구나 가는 것이 아닙니다. '기업고객' 전용 창구로 가시면 됩니다. 직원에게 '웨스턴 유니온 퀵 캐시'를 찾으러 왔다고 하면 신분증을 요구하며 서류를 내밀며 작성해달라고 합니다.

신분증은 주민등록증이나 운전면허증, 여권 정도면 됩니다. 직원이 주는 서류는 자신의 개인정보와 MTCN 10자리를 적게 되어 있습니다. 서류를 적은 후 직원이 신분증을 복사하면서 어떤 용도의 돈인지 물어봅니다. 이때 광고 수익이라고 하시면 됩니다. 그리고 직원은 '달러'로 받을지 '환전'해서 받을지 물어봅니다. 취사 선택이 가능하다는 것이죠. 저는 보통 환전해서 통장에 넣어달라고 합니다.

(은행용)

기업은행-웨스턴유니온 빠른송금 신청서

[지급신청서 및 거래외국환은행 지정(변경)신청서 겸용]

결 재(실명확인)	
팀 원	팀 장

기업은행 앞
To Industrial Bank of Korea   영문으로 굵은선 안에만 기입하시기 바랍니다(Please write in marked area in english only)

□ 송금 받으실 때(To Receive Money)

M T C N(10자리) (Money Transfer Control Number)	ⓐ	수취금액 (Amount Expected)	US$	ⓑ
성(Last Name)	ⓒ	이름(First Name)		ⓓ

수 취 인 (Receiver)

주소(Address)	ⓔ		
전화번호(Phone No)	집(Home): ⓕ	/ Mobile:	
주민번호, 여권번호(ID or Passport No)		ⓖ	
여권발급국가	여권발급일	여권만료일	

송 금 인 (Sender)

성(Last Name)	ⓗ	이름(First Name)	
전화번호(Phone No)		송금국가(Nation)	ⓘ

□ 송금 보내실 때(To Send Money)   송금금액(Amount) US$

ⓐ MTCN 10자리를 적습니다.

ⓑ 금액은 달러로 적습니다.

ⓒ 영어로 성을 적습니다.

ⓓ 영어로 이름을 적습니다.

ⓔ 주소는 한글로 적습니다.

ⓕ 집 전화번호와 핸드폰 번호를 적습니다. 집 전화번호에 핸드폰 번호를 적는 것도 가능합니다.

ⓖ 주민등록번호나 여권 번호를 적습니다.

ⓗ 'GooGle'이라고 적습니다.

ⓘ '미국'이라고 적습니다.

위와 같이 적은 후 직원에게 건네주면, 환전한 내역서와 신분증을 돌려줍니다.

MTCN 번호는 구글 애드센스에서 확인하실 수 있습니다. 로그인을 하신 후 [지급]을 누르세요. 모바일용에서는 보이지 않으니 꼭 PC에서 확인하시기 바랍니다.

가장 최근의 날짜를 살펴보면 MTCN 번호가 있습니다. [10자리 MTCN 번호]를 클릭하면 확인하실 수 있습니다.

이제 수익형 블로그를 만들기 위한 모든 과정이 끝이 났습니다. 블로그 만드는 것을 시작으로 돈을 찾기까지 많은 시간이 걸릴 수 있습니다. 눈앞의 성과가 없어 포기하고 싶으실 때도 있을 겁니다. 블로그로 돈을 벌기 위해서는 계속 말씀드렸던 것처럼 '끈기'가 필요합니다. 처음에는 아무런 결과가 없을지 모르나 끈기를 갖고 계속 하시다 보면 분명 그 노력의 성과가 눈에 보이기 시작할 겁니다. 포기하지 마세요. 하루 2시간만 꾸준히 투자하세요. 매월 은행을 방문하여 은행 직원과 친해지실 날이 여러분 가까이에 와 있습니다.

돈을 벌기 위해서는 고객에게 정보를 팔아야 한다

멀티블로그도 결국에는 하나의 블로그입니다. 즉 수익형 블로그라고 해서 이슈나 스타, 기타 유명한 주제만으로 만든 블로그가 아닌, 어느 정도 방문객들이 원하는 정보가 담긴 블로그가 되어야 합니다.

블로그에 뉴스만 있고 정보가 없다면 고객이 찾아올까요? 검색어를 통해서 들어오는 고객의 재방문을 유도하기 위해서는 그 고객이 원하는 정보를 꾸준히 업데이트해야 합니다. 하지만 대부분 멀티블로그는 검색엔진들이 기피하는 홍보성이 강하며, 대중적인 내용만으로 꾸며졌습니다. 가십이 대부분이죠. 이러한 블로그는 많은 양의 포스트와 호기심을 자극하는 제목 및 내용으로 일시적인 방문객은 유입시킬 수 있습니다. 그러나 자신만의 특징은 없이 멀티블로그를 운영하게 된다면 분명 저품질 블로그가 되어버릴 것 입니다. 특히 티스토리는 한 IP, 즉 한 집에서 여러 개의 블로그에 동일한 주제나 많은 개수의 포스트를 단시간에 올리게 될 경우 블로그 계정을 삭제해버리는 강력한 조치를 취합니다.

저 역시 10개가 넘는 티스토리 ID와 수십 개에 달하는 블로그를 가지고 멀티블로그를 운영해보았고, 이러한 저희 집 IP가 다음의 블랙리스트에 오르기도 했습니다. 이러한 경험의 가장 큰 수확은 블로그에는 반드시 주제가 있어야 하며, 광고성 및 클릭 유도형 글을 일정 시간 동안 일정 개수 이상 반복해서 올리면 티스토리 아이디 계정이 정지될 수 있다는 것이었습니다.

따라서 저는 다음과 같은 당부의 말씀을 드리고 싶습니다.

❶ 돈을 벌기 위해서 블로그를 할 경우 자신의 블로그에 반드시 하나의 주제를 가지세요.

❷ 하루에 하나의 블로그, 하나의 아이디로 너무 많은 글을 쓰지 마세요. 1일 5~7개 이상 쓰지 않는 것을 권해드립니다.

❸ 하나의 IP, 즉 한 집에서 여러 개의 티스토리 아이디나 여러 개의 블로그를 운영한다고 방심하지 마세요. 결국 관리하는 업체 측에서는 IP를 보고 체크합니다. 아이디나 블로그 주소가 다르다고 해도 결국 체크를 하는 것은 IP이기 때문에 차후 멀티블로그나 멀티 IP를 한 장소에서만 했을 경우 한꺼번에 정지당할 수 있습니다.

❹ 저품질 블로그를 만들지 마시기 바랍니다. 저품질 블로그는 다음과 같은 행동을 반복할 경우 당하게 됩니다.

ⓐ 광고성 글을 반복해서 올릴 경우

ⓑ 다른 사람의 글을 그대로 복사해서 쓸 경우

ⓒ 너무 많은 글을 짧은 시간에 올려 블로그를 활성화 시킬 경우

ⓓ 자신의 글이 아닌 타인의 글을 모방할 경우

검색엔진에 의해 저품질 블로그가 되면 자신의 블로그는 해당 포털사이트 검색엔진의 검색에서 완전히 배척당하게 됩니다. 즉 어떤 검색어를 입력하여 관련 내용을 검색엔진을 통해 보고자 할 경우 자신의 블로그는 제외되고, 다른 사람들의 블로그가 검색되는 현상을 일컬어 '내 블로그가 저품질 블로그가 되었다'라고 할 수 있습니다. 이렇게 되면 방문 유도가 현실적으로 불가능하게 되었다고 보시면 됩니다. 특히 네이버, 구글의 포털사이트에서 자신의 블로그가 저품질 블로그가 될 경우 큰 수익은 포기하셔야 합니다.

이러한 일을 일어나지 않으려면 반드시 자신의 블로그가 유익한 정보를 담고 있으며, 남들이 가지고 있는 공통된 콘텐츠가 아닌 자신에 의해서 새롭게 태어난 콘텐츠가 있다는 것을 검색엔진이나 봇에게 보여줘야 합니다. 이를 위해서는 블로그에 자신만의 개성이 있어야 하죠.

막연하게 블로그로 돈을 벌어야겠다고 생각하지 마시고, 어떻게 하면 내가 가진 지식이나 정보를 타인에게 판매할 수 있을지 생각해보는 것은 어떨

까요? 내 손으로 탄생시킨 정보와 많은 방문객들을 이끌어낼 수 있는 주제를 결합시킨 블로그야말로 가장 이상적인 수익형 블로그는 아닐지 생각해봅니다. 저품질 블로그가 아닌 자신만의 주제를 가지고 있는 고품질 블로그를 만들어 많은 방문객에게 사랑받는 블로거가 되시기를 바랍니다.

누구나 할 수 있는 인터넷 투잡

하루 2시간
블로그로
1000달러 벌기

초판 1쇄 발행 | 2013년 8월 30일

지 은 이 | 신이다
펴 낸 이 | 이은성
펴 낸 곳 | *e*비즈북스
편　　집 | 김은미
교　　정 | 이상복
디 자 인 | 백지선

주　　소 | 서울시 동작구 상도동 206 가동 1층
전　　화 | (02) 883-9774
팩　　스 | (02) 883-3496
이 메 일 | ebizbooks@hanmail.net
등록번호 | 제 379-2006-000010호

ISBN 978-89-98045-25-8 13320

*e*비즈북스는 푸른커뮤니케이션의 출판브랜드입니다.

이 도서의 국립중앙도서관 출판시도서목록(CIP)은 서지정보유통지원시스템 홈페이지(http://seoji.nl.go.kr)와
국가자료공동목록시스템(http://www.nl.go.kr/kolisnet)에서 이용하실 수 있습니다. (CIP제어번호: CIP2013010266)